华为组织与文化的底层逻辑

理念
Philosophy
制度
System
人
People

田涛_著

中信出版集团 | 北京

图书在版编目（CIP）数据

理念·制度·人：华为组织与文化的底层逻辑 / 田涛著. -- 北京：中信出版社，2020.7（2025.12 重印）
ISBN 978-7-5217-1861-4

Ⅰ. ①理… Ⅱ. ①田… Ⅲ. ①通信企业-企业管理-经验-深圳 Ⅳ. ① F632.765.3

中国版本图书馆 CIP 数据核字（2020）第 076153 号

理念·制度·人——华为组织与文化的底层逻辑

著　　者：田涛
出版发行：中信出版集团股份有限公司
（北京市朝阳区东三环北路 27 号嘉铭中心　邮编　100020）
承 印 者：北京通州皇家印刷厂

开　　本：880mm × 1230mm　1/32　　印　　张：10.5　　字　　数：173 千字
版　　次：2020 年 7 月第 1 版　　印　　次：2025 年 12 月第 29 次印刷
书　　号：ISBN 978-7-5217-1861-4
定　　价：68.00 元

目　录

第2讲 华为，企业文化的胜利（中）

第3讲 华为，企业文化的胜利（下）

第6讲 理念·制度·人（中篇）

第7讲 理念·制度·人（下篇）

第8讲 理念·制度·人（末篇）

第9讲 一杯咖啡论英雄——英雄三部曲之一

第10讲 企业家，新时代的英雄——英雄三部曲之二

第11讲 不完美的英雄也是英雄——英雄三部曲之三

第12讲 小人物创造大历史——华为的五种力量

自 序

人生是个函数

（一）

《理念·制度·人》和《我们为什么要做企业家》这两本小书，严格来说是讲出来的，是我过去3年在多个场合关于华为的演讲整理稿。

自2012年我和吴春波老师合著的《下一个倒下的会不会是华为》一书出版之后，我应邀在华为内外部、在国内外、在企业和高校，针对不同对象，做了50多个不同角度的关于华为的讲座。为什么有这么多呢？第一，我不喜欢炒剩饭，一个话题讲三次以上就无法让我兴奋了，兴奋不起来也就很难讲好。第二，华为的确是个大宝藏，无论从哪个角度你都能发现一些管理学教科书中所没有的独特性与创造性。华为是一个充满了文化质感与哲学意味的组织，而且有很强的架构，同时实验气息浓厚。所以它很对我的口味，对我形成了强大的思想引力。第三，作为顾问，我拥有一项约定俗成的“特权”——能够和公司任何层面的人士进行正式或非正式的交流，过去8年我也最大程度地运用了这一“特权”，在华为团队的配合下访谈了常务董事会的每一位董事、各产品线主管、研发体系主管和专家、各业务支撑体系的主管和专家，同时也深入多个国家和地区，访谈了许多华为一线的基层主管和普通员工，覆盖了从50后到90后的几代华为人，也覆盖了不同种族和国籍的华为人。第四，我和华为创始人任正非先生长期保持着充分开放的交流，这使我有机会近距离地捕捉他的思想脉动，感受他的一个个管理观念从发生、发展到成熟的全过程，并从中感知他的人格魅力和道德力量。以上诸因素，就使得我关于华为的思考有了观念上的多元视角，同时又有大量丰富而鲜活的案例，所以，每一次的讲座首先能让我自己兴奋起来，当然也能给听者带来一点思考。

（二）

人生是个函数，你永远不知道上帝在关闭某一扇门时，另一扇门的背后隐藏着什么。

2017年6月的第一个周末，我和几位朋友去北京清河湾高尔夫球场打了一场球，5个小时下来，我的右腿突然间变得无力起来，半年间，中西医各种疗法都用了，皆无效。后来检查出，这是一种不多见的进行性神经退化病。

不过，很奇特的是，自检查出这种病后，我好像有天窗突然开了的感觉，思维变得极其活跃和敏锐，更重要的是，似乎大脑中平添了一把锋利的刀，对一些问题能够凭直觉一刀切到根底，这令我感到惊讶和欣喜。说老实话，我虽然具有一般研究者所不具有的位势，拥有关于华为翔实、丰富和系统的第一手资讯，但当被某些人和媒体抬举为“华为研究专家”时，我常常不敢心安接冠。我清楚，很长一段时间内我看华为，也是云里雾里难窥真貌，雾里看花不明就里。但2017年下半年之后，我似乎在无数纷乱的信息流中，闪电般地捕捉到了背后的大逻辑，这就是这本小书中我自认为最重要的两大讲座：“华为，企业文化的胜利”和“理念·制度·人”。

这里想借一位跟听了我讲座7年的企业家的话小卖弄下：“田老师，我怎么发现你这几年的讲座水平越来越高了，每一次都是一次精神享受。”我听了类似的恭维，是会在瞬间有点飘飘的、晕晕的，但毕竟60出头了，血压也正常，血糖也不高，定力还是有的，也知道当下这时代，夸人和骂人的词语都通胀了，全信不得，全信就掉沟里了。但我也明白了另一层含义：你过去讲的，呵呵，垃圾罢了！这次编选讲稿，本来最少有50讲的，包括“华为是怎样创新的”“华为是如何开展自我批判的”“华为的目标管理”“华为的客户管理”等，题目都很吸引人，但打开内容一看，我自己读着都觉得脸红，哪敢入选之后露丑？垃圾！砍掉！毫不犹豫地砍掉！

现在入选的这25篇，除了2016年的一篇，其他24篇都是我过去3年在华为内外部的讲座内容整理稿，还是有点看头的，这一点我有自信。华为有人在看过我的文稿后评价：基本从逻辑底层把华为讲明白了。这句话我听了很受用。当然，我也有自知之明，与华为这样一个丰厚且不断变化的研究标本相比，“华为研究专家”的帽子太大，我的脑袋太小，撑不起。我无非是一个勤奋而专注的观察者、案例分析者而已。

有学者朋友问我，能否把《理念·制度·人》和《我们为什么要做企业家》这两本书与《下一个倒下的会不会是华为》做个比较？我的回答是，后者不过是一本关于华为研究的入门书而已，与新书相比，肯定不在一个档位。

（三）

华为是一个“西式构造”，更确切地说，是一个“美式构造”。华为一位思想型的前常务副总裁更直截了当地告诉我，华为就是一个微型的“小美国”。我在大量的访谈和近距离观察、研究之后，基本认同他的观点。华为是一个杂糅的文化与制度物种，亦中亦西，非马非驴，但它最深层的结构是美式的，或者更准确地说，是企业制度上的“美式构造”加文化上的英雄主义。

但是，这里面有个根本不同，就是华为削足适履地向美国学习，花巨资向美国企业、向美国咨询公司汲取管理营养，主要是向经典的、传统的美国企业学习，具体点说，是向20世纪20年代至80年代的美国企业学习（当然也不排除向微软、苹果、亚马逊、谷歌等当代最伟大的公司学习），那是美国管理理论与实践的黄金时代。那个时代的美国企业家们普遍拥有强大的使命精神，“尽其所能地获取，尽其所能地节俭，尽其所能地奉献”，而普罗大众也怀揣美国梦，坚信“劳动是进入上层社会的唯一通行证”，企业则奉行顾客第一、客户就是上帝的信条，既充分关注和满足顾客的眼前需求、现实需求，为顾客提供最一流的技术和产品，以及最好的服务，又以巨大的热忱挖掘和开发顾客的潜在需求和未来需求。IBM（国际商业机器公司）是其中最具代表性的伟大企业之一，它的研发投入曾经长期占年销售额的20%左右（华为这一比例为15%左右），从事研发的员工数量曾经长期占据世界第一的交椅（2015年后华为位居第一），诞生过3位诺贝尔奖获得者。华为选择对标学习IBM，一个很重要的考量应该是，两者在价值观上是相通的，在使命追求上具有一致性。当然，华为今天面临的组织挑战，包括大企业病，也是一种类IBM病。

我们这一代中国知识分子，在20世纪80年代，改革开放初期的前10年左右，大都有过或多或少的“美国情结”，许多人包括我都在很长时间内是“崇美派”，这在我30年前的一系列文章中表现得很明显。任正非也是个“亲美派”，这在他过去几十年的讲话和2019年的媒体对话中表达得很清晰。无论是华为，还是国家，还是我们每个人，要想进步和发展，就要充分开放地向比自己先进的对象学习。即使美国高强度打压华为，任正非和华为在向美国学习的立场上也从未改变，不恐美，也不反美，该抗争的抗争，该学习的学习，两者并不冲突。读美国历史可看出，它的200多年历史就是理想主义加现实主义加拿来主义，这在《美国秩序的根基》一书中阐述得非常系统。华为差不多亦如是。

然而，今天的美国有点变味了，按照组织演化的逻辑，美国是否进入了它的文化与制度的衰变期、更年期？它似乎在渐渐疏离传统新教精神，变得过度贪婪和极端，也变得过分焦躁和非理性，变得自大和自闭，甚至神经质，这对美国和整个世界都不是福音。我一直坚信美国文化与制度中的自我批判与自我纠偏的能力，但看到当今美国政坛诸多政客的言论与做派，我只能说，那个由最一流的思想家、战略家、政治精英们主导了200多年的美国，也进入了找不到“高个子”的时代（刚刚看过电影《林肯》，感慨复感慨）。

美国，恐怕不大容易再找回20世纪80年代前后，东西方数千万知识分子对它的那种近乎盲目的崇敬和向往了。而中国企业向美国学习的脚步却不能停歇，只不过需要对标的是它的青年期和中年期，向那个强大的工业资本主义的美国而不是金融资本主义的美国学习，向那个开放的、包容的、曾经生机勃勃又拥有井然秩序的美国学习。

（四）

英雄主义是华为最鲜明的文化特质。《理念·制度·人》这本书中的“英雄三部曲”，是我在华为内部给员工做的两次讲座的整理稿和一篇文章，是对华为 30 多年英雄主义文化的一个系统梳理，也是我自认为华为成功背后的核心要素的文化解析。

所谓英雄，通俗点讲，就是我们人群中那几个、那一批天塌下来顶天的“大个子”，女娲和共工是，愚公是，普罗米修斯是，亚伯拉罕和摩西是，大卫王是。孔子也是一位尚武崇义的大英雄，当然苏格拉底也是，他为了真理而拒绝妥协，饮毒酒而死。人类思想史、科学史、商业史、军事史、政治史包括整个人类文明史，至少一半程度上是由数千年、数万年历史上那些无数的无名和知名的英雄领衔创造的，从尝百草、驯百兽、发明石器的先民英雄到牛顿、爱因斯坦和乔布斯……他们是冒险家，是征服者，是牺牲主义者，是无边黑暗中照亮人类前行道路的那一盏盏灯、一把把火的理想家和殉道者。不可想象，人类社会、国家、企业，包括任何一个伟大的组织，如果没有了英雄，缺失了英雄主义气质，这样的组织还会不会有灵感和灵魂。我曾和华为一些员工和管理者交谈，大家无不认为英雄主义文化是华为的魂魄之所在，“打胜仗的信仰”永远是吸引他们的精神力量之所在。有一位高管甚至这么讲：“老板一直是我心目中的英雄，老英雄，我愿意追随他。假使哪一天老板变了，我也改变不了他，我只能选择离开他，离开华为……”

近些年，学界尤其是管理学界流行一种犬儒主义论调，否定英雄，否定英雄主义，这显然有太多的沙龙和书斋气息，误读了历史，也错解了人性，更忽视了我们人类今天和未来所面临的危机和危险一点不比一百年前、一千年前、一万年前的人类少而轻松。正因为危机永在、危险永在（只不过危机和危险的种类不同罢了），所以人类就永远不能缺失顶天立地的“高个子”，就永远需要呼唤女娲式和普罗米修斯式的英雄，铭记乔布斯式的历史英雄，善待堂吉诃德式的失败的英雄。

美国是一个崇尚英雄的国家，俄罗斯亦然，世界上许多国家皆然。我去过诺曼底的美军公墓，也去过莫斯科的新圣女公墓，走过那一个个的十字架，一座座别具风格的墓碑，你就能强烈触碰到支撑这些伟大国家的基座究竟是什么。是英雄和英雄主义。我们中华民族亦如此。

企业的天然属性是与未知、与不确定性做斗争，所以企业家的天然禀赋之一就是冒险，企业家除了必须是理想家、战略家、奉献者，也必须是群体英雄中那个冲在最前面的英雄。有人说，企业家只要具备宽广的胸襟，不需要在企业中培植和倡导英雄文化，这样的观点不过是空想主义学究的一种乌托邦想象而已。管理学与一切人文学科的不同在于，管理学者只有深扎到企业中去，双腿沾满泥，才能产生真正有生命力的、接地气的管理思想。我相信，当学者们走进谷歌、走进苹果、走进三星和华为，走进企业家传记中的福特公司、休斯公司、博世公司时，弥漫在他们周遭的一定是浓重的、略显粗糙的、强烈的创造热忱与持续冒险的英雄主义气息……

这才是最本真、最可靠、最接近企业常识的写在大地上的“管理真经”。

（五）

“华为25讲”本来是一本书，有几位朋友看过书稿后，一致建议分开两本同时出版，我认为有道理，便听从了。

《理念 · 制度 · 人》，主要是对华为的研究成果的讲座整理稿，侧重于从企业文化与制度的层面解析华为，分为三部分。其中，“华为，企业文化的胜利”共三讲；“理念 · 制度 · 人”共五讲，这是我一个长达5年的研究成果的框架，这几年我在多个研讨会上做过不同角度的分享，是我下一本书的浓缩；“英雄三部曲”是关于华为的英雄主义文化的描述性研究。

《我们为什么要做企业家》是我过去3年多在华为内外部的部分讲座整理稿，是关于企业家精神、科学研究和技术发明的使命与动机、创新和人才、领导力等几个方面的一些思考，包括这些年的一些阅读分享，多数文章中也都涉及关于华为的案例。

两本书中的部分文章曾经在网络平台上发表过，产生过一定反响并引起热议，我也在本次结集出版时，吸收了网络读者许多有见地的跟帖观点，进行了修改和完善。

由于是讲座整理稿，免不了在不同文章中出现少数重复的案例和观点，为了保持文稿的完整性，未做删节。另外，一些数据由于讲演年份的关系，也尽量没有依据新数据改动旧数据，比如华为员工人数，2018 年是 18 万人，2019 年增长到了 19 万人，不同讲稿中就会出现不同的人数，这一点请读者知悉，好在这些数据的变动并不影响本书的基本观点。

本书出版之际，我要特别感谢以下华为公司的诸位先生与女士（包括并不限于）：殷志峰、曹轶、叶晓闻、龚宏斌、左飞、陈丹华、惠彩红等人。过去将近 8 年，他们与本人一起在华为进行了大量访谈，形成了至为珍贵而丰富的第一手“华为案例库”，在此基础上，我们陆续出版了多本华为系列故事案例书，在华为内外部尤其是在企业和高校学生中引起了良好反响，有不少大学老师和学生反馈这些书是非常有价值的“青少年励志书”。这项企业文化工程还在继续之中。当然，这些访谈案例也是我研究华为最鲜活、最扎实的素材，没有这样的“黑土地”，是写不出《下一个倒下的会不会是华为（终结版）》这本书的，更无法产生《理念·制度·人》和《我们为什么要做企业家》这样的研究成果。

张俊娟女士为本书的出版做了大量的工作，包括讲座活动安排、研究素材的收集和归类、讲座 PPT（演示文档）文本设计、讲座录音整理、书稿细节订正等，在此向她表达衷心感谢。

新加坡国立大学商学院的乌耀中老师是我的密切研究合作者，《理念·制度·人》吸收了乌老师部分独特的见解，书中10张左右的图表是根据华为公司的公开或非公开资讯，由乌教授设计而成的，它们能够有力支撑我关于“制度质量的评价维度”的观点。还需要说明的是，乌老师扎实的学术功底和框架思维对我的研究有一定影响，谢谢乌老师！

感谢剑桥大学嘉治商学院的克里斯托夫·洛赫（Christoph H. Loch）院长、彼得·威廉森（Peter Williamson）教授、尹一丁老师，我在嘉治商学院连续几次的学术讲演、访问研究，对我的启发很大，以上三位学者给我提供了许多研究和生活上的帮助，我当铭记在心，并愿在剑桥中国管理研究中心方面，竭诚做出更多努力。这两本书也算是我对浙江大学睿华创新管理研究所和剑桥中国管理研究中心的一份贡献吧。

浙江大学睿华创新管理研究所聚合了浙江大学最睿智同时又很接地气的一批管理学者、企业高管，睿华创新管理研究所的“四季论坛”已渐成气候，每次都能产生一批重要成果，对我的启示很多。我特别愿意和这一群平实、不事张扬、理论功底深厚且注重实践观察的学者相处，有一种天然的亲和感。吴晓波教授（兼任睿华创新管理研究所联席所长）是我的良师益友。

剑桥大学嘉治商学院的大卫·德克莱默（David De Cremer）教

授也是我密切的研究伙伴，我们共同发表和出版过一系列研究成果，2017年4月至5月的50天里，我们在剑桥小镇有过10次对话，主题是“剑桥对话：漫论东西方领导力”，由于我们各自忙碌，这本10万字的对话尚未整理成书，它应该是2020年下半年我们共同的工作之一了。大卫先生现就职于新加坡国立大学商学院。

感谢中信出版社两位长期合作的资深编辑沈家乐和宋冬雪，没有她们的催促和规划，这两本书恐怕还在杂陈状态。

此书献给我的妻子姚宝珍女士，她对我几十年的激励、包容、默默的奉献与支持是我一生奋斗的动力。同时，也将此书献给4岁7个月的田大福和100天的田大力小孙子，他们二位是我最最亲爱的朋友。

2020年6月1日于北京

第 1 讲

华为，企业文化的胜利（上）

卓越的组织：类蜘蛛网

不久前，我与一位企业家朋友去北大荒旅游，在一个山腰景点，我们被一幅自然景象彻底震撼：一团蜘蛛网在两棵相距十多米的野树间悬空而挂，阳光下，纵横交错的蛛丝在绿叶的衬托下泛着亮光，一只蜘蛛纹丝不动地栖息于网的中央，任微风吹拂，蛛网摆荡……而连接空中蛛网的，却只是两缕挂在树干上的纤细的蛛丝。

它坚固吗？当暴风来袭、骤雨狂泻时，它会被摧毁吗？我问企业家朋友。他的回答很干脆、很坚定：不会，肯定不会。

早在 1996 年，华为创始人任正非就讲过："世界上我最佩服的勇士是蜘蛛，不管狂风暴雨，不畏任何艰难困苦，不管网破碎多少次，它仍孜孜不倦地用它纤细的丝织补。"

"科学家们今天说，他们已经揭开了蜘蛛网能够承受多种撕扯甚至飓风的打击而不垮的秘密"，这是 2012 年 2 月 1 日法新社的一则电讯，"一旦遭到撕扯，是什么维系着整个蜘蛛网不四分五裂呢？"研究发现，"蜘蛛丝是一种由形态不规则的蛋白质和有序的纳米级晶体构成的独一无二的结构”，“当受力增大时（例如一根树枝落到蜘蛛网上），蜘蛛网会经历4个阶段的拉伸过程：先是线性牵引，之后随着蛋白质展开继续拉伸延长，在吸收外力之后变硬，最后因为摩擦力达到‘断裂点’”。

“研究人员说，蜘蛛丝分为两种类型：一种是所谓的‘黏质蜘蛛丝’，它有弹性、潮湿、富有黏性，从蜘蛛网中心呈逐渐变宽的螺旋形伸展开来，用以捕捉毫无戒心的猎物；另一种叫作‘牵引型’的蜘蛛丝，它像车轮辐条一样呈放射形直线向外伸展，这种蜘蛛丝干燥紧绷，能够提供结构支撑”。

“研究人员发现，放射形和螺旋形的蜘蛛丝在承受力量方面发挥着不同的作用，它们之间以相互缠绕的方式将外来物体限制在某个特定位置”，“因此可以说，蜘蛛网的结构其实是‘牺牲’某个特定区域来确保受损之后其他部分仍能发挥作用，尽管受损蜘蛛网的抗打击能力已经减弱”。

“该项研究资助者之一、美国国家科学基金会的生物力学专家丹尼斯·卡特高度称赞蜘蛛花费大量宝贵精力织网的‘高明战略’。”

……这篇关于蜘蛛网研究的文字我读了不下十遍，也把它转发给了任正非。它让人联想到华为过去32年所遭遇的风吹雨打与抗打击历程，尤其是在当下美国这根巨型“树枝”对华为的打击之下，华为表现出的既紧张备战又气定神闲的组织气质，像极了我在北大荒山腰看到的貌似脆弱的蜘蛛网，更像极了科学家研究结果所呈现出的坚不可摧的蜘蛛网。

卓越的组织无不类似于蜘蛛网，它在最佳时空点是没有短板的，无论是研发、市场、财经、人力资源，还是后勤保障系统，它们共同构成了一个富有弹性的网状组织，这样的组织能够在进攻中防守、在防守中进攻。

然而，支撑它的则是“形态不规则的蛋白质”——企业文化和“有序的纳米级晶体”——组织制度。制度派生于文化，文化是组织的灵魂。

任正非在创立华为的早期，面对极端短缺的资源困境（资本、技术、人才等）时，讲了一个观点：资源是有限的，唯有文化生生不息。华为 30 多年从小到大、从弱到强的创业史、创造史，证明任正非抓住了根本，华为走对了路。

华为的阶段性成功，是企业文化的胜利。

奋斗的动力从来都不是自发产生的

企业文化起源于创始人的故事与理念

我在多个场合讲，华为能有今天，重要根因之一是任正非创业时年龄比较大，44 岁，四十而不惑。一个历尽人生磨炼、做过多次输家也做过几次赢家、有足够多的故事的男人开始其人生的新冒险，很显然，他是戴着盔甲上战场的，这副“盔甲”就是他的人生哲学观。

任正非说：“只要我不要钱、少要钱，世界就是我们的，如果我要钱、多要钱，世界就缩到我家了。”这就是一个组织领袖的自我定义：你到底要什么？要头顶的星空还是要脚下的黄金？选择了星空就必须放弃黄金，把黄金散出去。散给谁？散给一起追星的同路人，或者只为追逐黄金的搭伙者。华为董事会秘书江西生评价任正非说：“老板很无私，当时的人（注：指创业早期）也很单纯。还有大家很信赖老板，他说过的话，他会记得很清楚，并在一定的时机兑现。”

兑现什么？兑现配股、提薪、奖金、权力、成就感和荣誉感。我在华为访谈了几百位高管和基层主管，相当多的在任和离任高管都对华为的分配文化、分配制度有很正面的评价，对任正非的无私奉献印象深刻。

任正非有很痛切的“少年创伤记忆”，他经历过大饥荒的年代，对物质和精神的饥饿有切骨的体验。他生活在一个九口之家的大家庭，有一个怀有理想却倍受歧视的知识分子父亲，有一个既严厉又充满慈爱之心的妈妈，有六个弟弟妹妹。正是在衣食匮乏到极限的岁月，他的母亲告诉家中的每一位成员：不能让一个人死掉！于是他的母亲在家里实行分餐制，把每顿饭分成均等的九份，一人一份，而经常的情形是，父亲母亲总会把自己的那一份匀出一半，给予七个子女中的某一位。

有一年的春季，油菜花开得漫山遍野，我们去贵州旅游，在从黔东南回贵阳的路上，任正非突然对我说："带你到我那个老窝去看看。"于是，他开车拐出高速公路，我们到了镇宁县城民族中学。在那个已是面目全非的校园，他告诉我他们家当年住的房子的位置，他当年爬树捉鸟的那棵老树……在我多年的印象中他是一个总是关注现实、面向未来、很少怀旧的人，但那天的一个多小时，他流露出了很浓烈的对少年往事的眷恋。

卓越人物的背后，大多有一位伟大的母亲。我始终认为，华为的"以客户为中心，以奋斗者为本，长期艰苦奋斗"的核心价值观的源头，来自任正非少年时饥饿的记忆，源自他的母亲的人生信条：再苦再难也要活下去，大家一起活下去。为了活下去，唯一的出路就是近乎原始本能的"制度安排"——分餐制，一种准平均主义的分享制。

任正非的青年时代是在大学和军队度过的。有一位政府领导曾问他大学读的什么专业，任正非答："建筑学。"领导说："怪不得呢。"言下之意是任正非有很强的架构思维。其实，大学和军旅生涯带给他的还有另外一层影响——把荣誉看得很开、很淡。他的学习成绩好，在军队期间也有过多项技术发明，却由于他父亲的所谓"历史问题"，即使学习好、立了功也无缘荣誉。改革开放初期的那几年，无数的荣誉却又纷至沓来，让他甚至有"得奖得麻木了"的感觉。青年时期的这些经历，也无疑在塑造他的人性观、构建华为的价值哲学方面打下了烙印。

华为多位接受我访谈的人认为，华为的成功是人性管理的成功，“老板把人性琢磨得很透，不光分好了钱，也基本分好了权，同时老板也是荣誉激励的大师”。

信仰秩序链的爱因斯坦讲得很精辟：上帝不是在掷骰子。中国格言讲得更通俗和直白：种瓜得瓜，种豆得豆。华为的崛起自有其坚实的文化逻辑。

为什么有些文化能够传播开，有些则失败了

有管理学者认为，企业在初创期，不需要构建企业文化，企业文化是奢侈品，是附着于有一定规模和历史的大中型企业之上的。很显然，这是对企业文化的肤浅认知。一流企业崛起的背后，一定有一套从创始阶段就开始探索的基于人性欲望的合理的价值创造、价值评价和价值分配的理念体系。

华为的核心价值观为什么能够深入人心，以至于达到了 19 万知识型劳动者被“洗脑”了的程度？知识分子天然地追求独立，反叛秩序，反叛权威与偶像，但华为的十几万知识型劳动者却在长达二三十年的职业生涯中选择了“遵奉原理”：个体最大程度地将其行为调整为和他人一样，调整为合乎组织的文化范式、制度范式、行为范式。

华为有一个现象是全球大企业中所罕见的：近 2000 人大学一毕业就加盟华为，将自己 20 年、30 年的青春年华与华为、与任正非绑在了一起，近万人也是大学一毕业就将自己 15 年、20 年的岁月奉献给了华为，他们中的绝大多数人几十年的职业履历上只有一行字：华为技术有限公司。这种现象背后的动力机制究竟是什么？

有一位华为前高管评价道："人们跟随任总，不是为了他，而是为了自己。老板厉害的地方就是让多数华为人都觉得在华为工作就是在为自己奋斗。"这事实上讲了一条最朴素的真理：企业的文化主张的可获得性——我凭什么接纳这样的理念？从遵奉这样的价值观过程中，我能获得什么？要让我"以客户为中心"去奋斗，并且"长期艰苦奋斗"，但对不起，我的收益呢？答案是，你的收益在"以奋斗者为本"之中。这样的三句话的理念是符合人性的，是一个基于对称原理之上的三角形闭环逻辑链。

华为的核心价值观在本质上反映的是一种深层的利益关系，是关于人的欲望的激发与满足的哲学观。组织的战斗力只能源自员工对自我欲望（财富、权力、成就感、荣耀感）的正当追求，以及组织对员工正当欲望的大力激赏和满足。组织的凝聚力则源自组织目标与员工目标的相对一致性。

理念中存在着正收益，组织中的每一分子也自然乐于认同组织文化。这是企业文化的常识性基座，但常识却总是被忘却和扭曲。为什么许多企业近些年都在讲文化，都在花大力气构造自身的文化形态？

很显然，它们遇到了跨不过的坎。在创业初期，它们大多数的目的简单而粗糙：赚钱，赚更多的钱，改变物质贫困的命运。但当赚了很多钱的时候，它们突然发现了自身文化的缺失，发现了几千几万人的组织缺乏共同想象力，于是需要“胡椒面”和“奢侈品”，于是求助于孔孟老庄、诸子百家外加王阳明。有组织上上下下的管理者打坐拜佛的，也有老板率领团队周日进教堂、每晚颂《圣经》的，还有人每周引领团队背《道德经》的……他们无不奢望于通过打造一套文化范式来赢得客户与员工的普遍认同。但是，普遍收效不彰。缘由就在于其文化范式是虚的，是脱节于商业关系本质的，甚至是反契约精神的。

老板每周一带领员工背“阳明语录”、老子箴言，号召员工精进奋发、无欲则刚，但却很少分享“精进奋发”带来的成果，很少对员工进行预期展望和制度安排，老板自我的欲望缺乏节制，怎么能够指望员工个体与群体持续地精进奋发呢?

华为则不然，它从来在确定目标的同时，就划出了“奖金包”，就确定了可量化的、足以让团队和个体血脉偾张的激励指标。目标导向—责任导向—结果导向三位一体，构成了华为的奖惩机制。

华为终端凭什么能够在 8 年时间做到了世界第二？激励资源很丰厚、激励方式很激进是根本因素之一。华为从创立到 2019 年的 32 年中，为什么仅在 2002 年有过一次负增长而其他多数年份是双位数增长？用一位华为主管的说法就是：在你的前面永远晃动的是两面旗帜，一面是目标，一面是“赏金”，左手实现了目标，右手就接过了“银子”，而且不只是银子，还有“骑大马戴红花”，甚至破格提拔……

而相反，员工如果不能从企业的价值理念中获得正收益，这样的企业文化无论是语录式的还是体系化的，无论是东方式的还是西方式的，恐怕都很难传播开，也一定会是失败的。

自组织理论是反人性逻辑的乌托邦

华为的核心价值观既是遵循人性的，又是逆人性的。“所有的粒子在大多数时候处于惰性状态”，同样，绝大多数的个体在多数情形下都有天然追逐舒适的本能。劳动是人的天性，懈怠也是人的天性，尤其是在个体有条件、有能力追逐舒适的时候，个体的目标就会与组织的目标发生偏差，乃至于对立。

劳动或者奋斗是人的天性，但组织必须清楚，奋斗的动力从来不是自发产生的，它需要媒介，需要催化剂。就像原子弹需要雷管引爆产生强大的内推压力、引发核子连锁反应从而造成核爆一样，组织必须从一开始就要在自己的文化机制中逐渐构建动力产生系统—动力传递系统—动力控制系统—动力监测系统。

华为自创立以来一直倡导和坚持的长期艰苦奋斗、长期自我批判都是逆人性的下行本能的，都是在针对人性的弱点做功。文化—制度—员工行为—客户体验—商业结果—对文化的强化与纠偏，这一系

列逻辑构成了正 / 负两个反馈闭环系统，才能推动和导致文化的生生不息、企业的基业长青。这是华为 EMT（经营管理团队）秘书处处长殷志峰——一位学者型高管在和我邮件交流时的观点。

在华为“蓝军司令”潘少钦的眼中，任正非是华为真正的人力资源总裁，“任总在业务战略上可能两三年会变动一次，但在人力资源战略上他一直坚持这几点，‘以奋斗者为本’，‘以客户为中心’，自我批判，不断地更新组织，抓干部，抓文化，抓激励，抓思想。他认为分配好财富是一个公司很重要的事情，而管理好干部，不结成帮派，能够换血，管理好全体员工的文化，使其可以‘以客户为中心’，是公司的一个重要资本”，所以华为的“人力资源战略事实上是置于财务战略之上的”，“我们连续 3 年涨 20% 的薪水，基本上 4 年就翻一个倍数”，“在高速发展期、业绩很好的情况下，几乎把所有的钱都分给了员工，公司的资产负债率经常保持在 65%~68%，我们不让股东利益占太大部分，拼命给员工加工资……”

任正非和公司的高层领导群体时刻警惕华为异化成一家大而不强、富而不强的“肥公司”，所以华为以很激进的方式构筑自身的人力资源战略和研发战略。过去几十年华为的人力资本投入长期高于股东分红两倍左右，研发投入长期高于利润一倍左右。华为反对利润的超预期增长，多年来净利润一直控制在 8% 上下。

华为谋求成为一个肌肉强壮的公司，有强大的技术实力和产品实力；是一个永葆饥饿感的公司，有一大群充满活力和战斗力的团队。

然而，悖论产生了：组织实现了熵减——“减肥”，员工呢？蓝军部曾在一篇文章中尖锐批评华为的 Overpay——过度支付，认为它的“副作用不可小觑”。的确，对极少数人而言，只需一根火柴就会惊爆出持久的核能量；对更少的人来说，“不须扬鞭自奋蹄”；对相当一部分人来说，必须持续进行强激励、高激励，但是，随着财富增长到一个心理阈值、职位升到一定的天花板，这一部分人又会产生动力疲劳，出现激励的低效、失效甚至是负效。

苹果无一例外地坠落地面。饥饿感是组织中个体和群体的动力之源。但是万有引力在多变的、复杂的人性面前变得苍白了。

几年前，我在华为大学高研班有个讲座，PPT 中有一页文字如下：

> 热力学低谷：能量最低状态
>
> 为什么强大无两的罗马帝国会急剧衰亡？
>
> 为什么烈火烹油的美第奇家族只维持了 300 年？
>
> 为什么横扫天下的大秦帝国瞬间崩塌？
>
> 为什么马背上的将军会异化成提笼架鸟的鸦片客？
>
> 为什么昨日的英雄会成为叛徒？
>
> 为什么……？！

类宗教，卓越的企业无不有自己的精神构造

共同想象力：一个类宗教话题

财聚人散，财散人聚。华为的“财”散得很彻底，华为的权力释放与开放程度也是大企业中罕见的，权力分配和“功名”分配也做得比较好，这是一个优秀组织必须拥有的文化机制。能做到这一点的企业不到5%。绝大部分企业连“三分”（分好钱、分好权、分好名）都难以做到。

然而，分好钱、分好权、分好名只能解释动力发生的下行机制：对个体财富、权力、成就感和荣耀感的多元欲望——饥饿感的激发和满足。在这个阶段“苹果”绝大多数会被“地心引力”所吸引，这样的组织是富有战斗力的。然而，到一定阶段，组织很难解决动力的可持续问题：掉落谷底的球不再滚动了。

那么，让球自发地朝上坡的方向滚动，能否发生？怎样才能发生？

这是一个物理学命题，也是一个管理学命题。

几年前我把我在剑桥大学嘉治商学院演讲的PPT发给任正非看，我在PPT中第一次提到“分好钱、分好权、分好名”的观点，并自鸣得意地认为这是华为成功的秘诀。任正非看后不以为然。带着疑问我与华为的一些高管和外部学者进行讨论，有人讲了这样一段

话：卓越的企业无不有自己的精神构造，谷歌、微软、苹果都有各自超越物质追求的宏大使命，美国许多伟大企业的创始人都是清教徒，这些企业是有魂的。有魂的组织才有可能产生长久的动力。中国企业家要想让自己的企业与西方大公司比肩，就必须给企业注入灵魂。

一位青年学者说，他看了任正非许多文章，他的看法是，华为有自己的精神构造，“刺激—反射”的行为科学理论，华为实践得很好，而且有创新，也很激进，但它并不是华为文化的全部，单纯用这样的管理模式是很难把十几万知识分子长期凝聚到一起的。知识分子是“思想动物”，他们要发财，有野心，追求成就感，但他们更需要生活在一个想象共同体中，这种想象共同体事实上是一种类宗教。

什么是华为人的想象共同体——类宗教？我再次翻阅了我对华为几百位管理者、研发专家和基层员工的访谈整理稿，同时又将任正非 20 多年来代表性的讲话稿依照年份进行阅读，从几百万字中我看到的最多的词汇永远是一个词、两个字：客户。任正非在多处讲道：我们要以宗教般的虔诚对待客户。而坚守在蛮荒和战乱地区的华为员工，有 20 世纪 70 年代出生的，也有 90 年代出生的，他们像被同一个思想模子复制了一般，我在分别与他们进行的一到三个小时的交流中，听到的故事形形色色，有欢乐有悲伤，有苦难有幸福，但这些故事都在传达一个几近神圣的理念：为客户甘愿奉献全部。

我时常被这些充满了艰辛、冒险以及自我牺牲的故事感动到落泪。

这些分布于全球五大洲的不同种族、不同国籍、不同肤色、不同出身、不同个性、不同教育背景、不同职业角色的男男女女们，这些华为人，他们中的大多数拥有共同的精神图腾，怀有共同的使命精神：为客户创造价值，实现客户梦想。

正是这样的共同使命精神，缔造了19万人的“想象共同体”。

客户是华为人的“上帝”

基督教教义认为，受难是高尚的，未来是美好的。

任正非在为《熵减：华为活力之源》一书写的序中讲道：“当我们用水泵把水抽到高处的时候，是用外力恢复它的能量，这个熵减过程多么痛苦呀！水泵叶片飞速地旋转，狠狠击打着水，把水打向高处，你听到过水在管子里的呻吟吗？我听见过……”

任正非曾经讲华为的最低纲领是活下来，最高纲领也是活下来。前一句讲的是基础性的生存，后一句讲的是使命性的生存，“苟且地活下去，不是华为的终极纲领”。活下来不过是达成伟大使命的手段而已，不然你无法理解以下现象：

华为在早期做交换机代理业务时，毛利率高达80%左右，其他的代理商大多很享受这样的卖方市场，但华为却不仅做代理，也给客户承诺维修，甚至包退包换，华为历史上最早的“企业广告”——产品代理的技术资料是一页粗糙的黑白打印纸，广告词就是“订货与退货一视同仁”，20 出头的华为员工孟晚舟是“形象代言人”，她的照片被印在了技术资料的背面。

你可以说这是为了拉近和巩固客户关系，但当时交换机产品极端短缺，手中有货根本不愁卖不出去。这不是在自讨苦吃吗？

因为经常断货，再加上任正非的技术情结，华为在创业的初期就到处招人，开始研发自己的产品，但当年华为的产品质量差，动不动就出故障，华为那些年轻的工程师们经常半夜三更到乡镇矿山的客户机房“守局”，24 小时响应，及时迅速地排除设备故障。胡厚崑当年在湖南做销售代表时，每次半夜打雷都会被惊醒，担心卖给客户的设备被雷击坏。当时华为代理的一家公司的产品经常出现这种情况，一坏就一大批，因此，雨天过后一大早他就得带人奔赴现场检查和维修设备。这仅仅是金钱的驱动吗？

“小灵通”是华为历史上的分水岭事件。2002 年前后，有一家突兀崛起的新公司 UT 斯达康，利用政府主导竞争的机会窗口，将日本已经淘汰的落后技术引入中国，从而获得了巨大的市场机会，赚得盆满钵满。那时华为只需要投入 2000 万人民币、几十位开发人员，就可以研发出成熟的产品，从而为公司带来上百亿的销售额。但任正非却以极武断的方式命令已经开始的小灵通项目下马，而与此同时，华为跟随西方主流标准、持续8年投入几十亿人民币的WCDMA（宽带码分多址）技术，却由于政府迟迟不发放3G（第三代移动通信技术）牌照而颗粒无收。华为内部人心动荡，许多人在私下议论：红旗到底还能打多久？任正非也以此为题目写了一篇文章。

眼睁睁地丢掉一块巨型蛋糕，从而置公司于巨大的危机中、置个人于巨大的痛苦中，假使仅仅是为了活下来，百亿的市场机会可以在当时活得很舒坦，任正非为什么要带领华为走一条崎岖之路？

在讲到这个话题时，我的眼前就会浮现出一幅画面：2002年某一天，北京贵宾楼饭店三楼中餐厅，我与任正非相对而坐，他突然连着几次重复一句话："我们是一家有理想的公司，我们是一家有理想的公司……"

2014年，任正非在和华为上海研究所的专家们座谈时说："我当年精神抑郁，就是为了一个小灵通，为了一个TD[①]，我痛苦了8到10年。"

过往的30年于中国是一个黄金满地的时代，华为却选择视而不见，既不走多元化之路，也不走资本化之路，拒绝一切赚快钱、得暴利的机会。任正非2003年时曾经到某省去考察（作者本人在场），省领导在会谈时说："任总，我们非常欢迎华为来××市投资，不过制造业赚钱不容易，我们在黄金地段补贴你们一块地，你们可以开发点

① 此处TD应指的是TD-LTE，4G（第四代移动通信技术）网络制式之一。——编者注

房地产……”任正非不假思索地拒绝了。

华为的 5G（第五代移动通信技术）是从一篇基础研究的论文开始的，长达十年，数百上千人、几十亿美元的投入，10 年之后不仅领先于世界，而且成为美国政客们的重点打击目标。

以上的例子可以举出无数个。

一位华为高管说，华为的 30 多年是苦难的 30 多年，的确和外部环境有很大关系，但许多苦难也是老板自找的。放着容易的钱不赚，却要一条道走到黑，走不出来就死定了，走出来了才有今天的一片光明。

任正非是那种天生的使命主义者，华为这家公司被任正非赋予了沉重的使命色彩。我分别在和美国南加州大学著名的社会学家曼纽尔·卡斯特（Manuel Castells）教授、哈佛大学著名的历史学家和管理学家威廉·基比（William Kiaby）教授交流时说道，观察华为有一个最简明的视角，就是清教文化和清教徒精神。任正非和华为的董事会成员、最高层管理者虽然都不是基督徒，但他们有远大理想，并且坚信实现远大理想的唯一捷径就是奋斗，就是随时准备接受苦难。这和清教精神的理念在本质上完全一致。

不过，华为人心中的上帝是客户，客户是华为人心中唯一的上帝。

我告诉两位教授，华为有不少高管读过这两本书：《新教伦理与资本主义精神》和《清教徒的礼物》。

使命承担：卓越企业的“上帝视角”

历史不存在伟大的设计者，而是通过残酷的生存压力和随机变化而逐渐成形的。早在1994年，任正非是这样描述华为与“上帝”的关系的：

“在当前产品良莠不齐的情况下，我们承受了较大的价格压力，但我们真诚为客户服务的心一定会感动‘上帝’，一定会让‘上帝’理解物有所值，逐步地缓解我们的困难。我们一定能生存下去……”

这是典型的弱者期待“救赎”的世俗性“上帝观”，你也可以将其理解为临急抱佛脚。正如任正非在同一篇讲话中所言：“华为是一个功利集团，我们一切都是围绕商业利益的。因此，我们的文化叫企业文化……”很显然，这个阶段的华为并不具有或者只有很微弱的使命气质，任正非对企业文化的认知也是狭窄的、实用主义的。活下去是华为的文化主基调。

“上帝被利用了一把，上帝是仁慈的，但是上帝在让你活下来的同时，是让你承受更多的苦难、承担更大的使命，而不是舒适与苟且”，这是一位企业家朋友在听我讲课后的感言。

的确，我们有太多的企业家存在认知上的致命盲点，他们在企业发展的早中期对客户是真诚的、百分之百拥抱的，但当企业快速做大、崛起之后，他们的“上帝视角”就扭曲和变形了，甚至头脑膨胀到自视为“上帝”，而真正的“上帝”——客户却成了“粉丝”。一个时期中国商业社会反逻辑、反常识的概念大行其道，“粉丝经济”即为代表性现象之一。

然而，上帝是仁慈的，上帝也是冷酷的、乖张的、神秘的、多变的。“上帝”欢迎“被利用”，但“被利用”的目的是为了让你和“上帝”永远在一起，做“上帝”最忠实的仆人，做“永远的乙方”，为“上帝”提供持久的、最丰富的、最好的“供品”——最好的技术，最好的产品，最好的服务。华为正是在这个层面上拉开了与绝大多数企业的距离。

1997 年前后，任正非的“上帝观”有了变化：“面向客户是基础，面向未来是方向”——“如果不面向客户，我们就没有存在的基础；如果不面向未来，我们就没有牵引，就会沉淀、落后……”正是在这一年，华为出台了《华为基本法》。《华为基本法》最为重要的意义在于，它标志着华为在创立整十年之后告别了原始积累期，从一个“赚钱—分钱（分权 + 分名）—赚钱”的江湖型企业向现代组织转型。华为人拥有了自身的信念体系：使命、愿景与价值观，而在这个信念体系中贯穿一致的“上帝”始终是客户。

华为的使命是为客户创造价值，实现客户梦想；愿景是丰富人们的沟通和生活；价值观的首句是“以客户为中心”。

在 2010 年的华为干部大会上，时任轮值 CEO（首席执行官）胡厚崑发起了一场辩论：我们的经营活动是主观上为客户，还是主观上为自己？几百位高管分成若干组，“辩论得一塌糊涂”，主管市场的胡厚崑坚持认为“主观为客户，客观为自己”，也有一些市场主管认为“主观为自己，客观为客户”，这说明在华为内部关于“谁是我们的上帝”的观念也并非完全一致。

20 多年过去了，回头看华为过往的一系列战略，包括研发战略、市场战略、变革战略、人才战略等，你会首先感慨信念体系对一个组织的深刻意义，同时也会感慨坚守信念的定力对华为来说有多么艰难。

某种程度上，正是不变的定力让华为和任正非经历了许多磨难，也让华为在磨难中更接近了高高在上的“上帝”。

拒绝小灵通，拒绝多元化，拒绝资本化，拒绝一切机会主义，其根本就是为了实现更宏大的“上帝”使命。

华为的创新理念坚持以客户需求为导向，但客观而言，在早期的 15 到 20 年，华为的创新战略主要是最大程度地满足客户的眼前需求和现实需求，主要是跟随式、模仿式的创新和大量的微创新，基于别人最先进的芯片、基础软件和操作系统，进行工程设计、工程实现方面的技术与产品进步。因此，在这一时期，华为对研发人才的要求是做工程师商人。表面看，这是在遵从“上帝”旨意，也的确推进了华为的快速崛起。但止于此，华为仍然不能被称为“伟大的仆人”，它还必须“想上帝之未想”，或者说发现和探索“上帝”多变的潜在需求、未来需求。

如果我们把企业的创新历程称为朝圣之旅的话，那么最后的一公里就是最为寂寞的一公里，也是最能展现企业家和企业使命的巅峰冲刺的一公里。2008 年前后，华为的创新触角开始向基础研究突进，并且在全球范围招纳一流的科学家和研发专家，在北回归线以北的多个西方国家大规模布局，构建能力中心。也正是在这一年，华为从一篇论文、一个数学公式开始进入 5G 的基础研究；2012 年前后，华为对研发人才的要求开始转型为“科学家 + 工程师商人”，并成立以基础研究为重点的规模庞大的 2012 实验室；2016 年，华为首次提出每年基础研究的经费占全年研发经费的 30% 左右，其中相当一部分用于和全球一流大学、研究机构的科学家的合作，并且为一些合作确定的基调是：华为出钱支持你，论文是你的，专利是你的，开发权也是你的，华为只要和别的企业同等竞争开发的权利。当然，如果你失败了，华为拥有知悉怎么失败了的权利。

过去 15 年，华为的研发投入累计 4800 亿人民币（截至 2019 年年底，累计研发投入 6000 亿人民币以上），长期高居全球研发投入排行榜前 10 位（2017 年位列第 6 位，2018 年位列第 5 位，2019 年位列第 5 位），专利申请数一直保持在前 3 位以内。

华为战略研究院副院长张新宇在和欧洲六大商学院的 10 位教授交流时说：“ICT（信息与通信技术）行业过去是香农和冯·诺依曼奠基的时代，产业界在这些巨人的肩膀上进行了长达 60 年的工程研究与开发，过去 30 年华为是西方科学理论的最大受益者之一。但到今天，香农理论已进入极限，摩尔定律也走到了尽头，未来的 30 年一定会诞生新的伟大的科学家，华为有幸站在了大时代的前沿，必须抓住机遇回馈人类，做人类的使命承担者。当然，客观上也是在壮大自身实力……”

第2讲

华为，企业文化的胜利（中）

让球自发地朝上坡的方向滚动，能否发生？

所有的组织文化都面临着严酷的选择压力

10 年前，全球电信和互联网领域曾经市值最大的北方电讯公司骤然倒下，作为这家公司的资深科学家，童文面临着十字路口的抉择，几家巨头通信企业纷纷向他伸出了橄榄枝，但他却毅然选择加盟华为。那时，全球业界正处于 3G 鼎盛、4G 尚在襁褓、5G 概念刚刚萌生的阶段，运营商和通信企业中悄然流行着“不会再有 5G 了”的说法，而华为却在逆势中启动 5G 研发。

是华为与众不同的使命气质吸引了童文和他的团队，“2013 年，公司决定投资 6 亿美元用于 5G 研发，这需要相当大的勇气。这相当于整个欧盟的投入规模，使用时间还比华为多两年。其他公司都没有华为投入这么大……”

华为在 5G 上的投入累计 20 多亿美元。有专家认为，“在一种新技术还未出现之前，你永远想象不到它将如何改变这个世界”，华为正走在改变世界的路上。

华为5G技术源自土耳其教授尔达尔·阿里坎（Erdal Arikan）于2008年在专业期刊发表的编码理论（极化码），华为从2009年开始沿着这一理论进行5G技术研发。2018年10月，华为总裁任正非邀请阿里坎教授访问深圳总部，以铺红地毯、颁发最高荣誉勋章的隆重礼遇“向伟大的科学家致敬”。

雷纳托·隆巴迪（Renato Lombardi），华为米兰研究所所长，2016年我和华为同事专赴米兰拜访这位业界著名的微波研究科学家。令我们印象极为深刻的是，他对华为“奋斗”一词的理解和高度认同。自加入华为以来，他经常每天第一个到办公室，最后一个离开，下班回家还经常工作到半夜，2015年他在空中飞行了100多次。他认为“在华为是一次重生”（他的名字在拉丁语的含义就是“重生”），而华为给他的最深的印象则是，从第一次到几乎每一次，他所见到的华为高层领导总是问他：“你需要我们怎么支持你，你有什么困难随时讲……”

华为拥有上千位世界级的科学家和技术专家（这中间也有相当一批人是土生土长的中国专家），固然他们在华为有很高的物质待遇，但他们加盟华为，不仅仅是奔着“身外之物”而来的，他们需要的是更宽阔的平台，一个能够充分展现使命的平台。

让球自发地朝上坡的方向滚动，一直在硅谷发生，也正在华为发生。

任正非在创业早期反复讲："我们要把那些一贫如洗、胸怀大志的人引入华为。"30 年来，华为招纳了数万人，他们中的大多数从青年时代就追随任正非，任正非用"分银子、分位子、分面子"的"海盗哲学"将他们对财富、权力和成就感的贪婪转化为面向客户创造价值。价值在不断被创造，利益根据各自贡献大小进行及时分配，华为也在不断壮大。

华为有高管很直白地评价道："华为的成功，首先是分赃分得好。"但是，30 多年来，也有几万人因为各种原因先后离开了华为，有不少人离开是属于正常退休等，也有一些人因为"志不同而不相为谋"，还有一些人通过奋斗收获了财富和成就，却不再有持续奋斗的激情，变得懈怠。"一贫如洗"者并非兼有胸怀大志，于是他们就成了"半路人"。

大时代意味着大浪淘沙，意味着严酷的自然选择，这种选择是组织与个体之间双向的压力选择。华为以极大的扩张性将它的使命从服务于中国 14 亿人扩展到全球 180 个国家和地区的 30 多亿人，这就从横向的角度为那些真正胸怀大志的年轻知识分子提供了辽阔的人生想象力。

一位叫琳达（Linda）的"华为三毛"从大学一毕业就加入华为，入职几个月后主动申请奔赴非洲，在非洲 15 个国家奋斗了 11 年，得过疟疾，经历过真实的枪林弹雨，她给自己起的网名是：走遍世界每一个角落。一位年轻人在非洲待了 8 年，有一天，他看到了一幅画面：在尘土飞扬的马路上，一群“每天喝着玉米糊”的衣衫褴褛的非洲老百姓拿着手机在打电话，他的内心油然而生巨大的自豪感和神圣感：“这个国家的通信网络是我和我的弟兄们牵头建设的，是我们华为公司建设的……”

今天在非洲奋斗的华为人大多数是 90 后、95 后，他们基本上都是独生子女，是在所谓互联网时代成长起来的“网络人”，但在我和其中一些人交流时，他们讲出来的故事和用语与 80 后、70 后、60 后的华为人并无区别，最多的语汇是关于客户、关于奋斗……

组织与个体首先是基于责任赋予与责任承担的契约关系。组织有权利要求个体依据契约承担对应的责任，为组织创造价值；个体也有权利在完成责任、达成目标、做出贡献的同时，获得与付出和结果相对应的收益，包括薪酬、奖金、股票以及职位晋升等。个体与组织在这个层面是一种对价关系，是利益共同体，同时也是命运共同体。在华为，这种命运共同体还表现在：华为的 9 万多名员工既是劳动者又是资本人，企业的兴衰浮沉关乎每位股东的未来收益。有相当一批华为员工的身家财富都主要“押注”在华为的股票上，包括任正非和大多数高管，他们和十几万华为员工被绑在了同一条船上，所以他们必须一起奋力划桨。

然而，变化是一切事物、一切个体的终极逻辑。有些人在漫长的划桨过程中，从“物质人”升华成了“物质人 + 使命人”或者“使命人 + 物质人”，并且大家凝聚在一起，既是同路人也是同心人，构成了华为的使命共同体。但也有一些人并不完全认同组织的长期使命和愿景，在组织演化的过程中，陷入适应主义的困境，于是被淘汰了。

青年人决定组织文化的走向

卢赣平在大学毕业后的两年多换了 3 个工作单位，既有国企又有外企，1993 年从美国艾默生公司跳槽到华为，一干就是 20 多年。我问他："为什么在华为可以待这么久？"他答道："与公司的追求有关系，华为设定的目标和舞台都很大。早期的时候，你说有钱嘛也没多少，与我在艾默生差不多，也不知道股票有多大价值，住得很差，根本就没有生活，就是工作，但是有目标。当年我们做 2000 门交换机时，老板说要追上 AT&T（美国电话电报公司）、贝尔实验室，我们很受激励，知道这是一个可以让人才发挥才能的地方，这是很重要的驱动力。"

多位华为老员工都很怀念创业期激情燃烧的岁月。有人回忆说，那时候，每到晚上十点左右，老板经常会穿着大裤衩，趿拉着拖鞋，有时还光着脚（鞋脱到门口）来到研发办公室，或者给每人桌上放一杯可乐和一个汉堡，然后转身就走，或者请大家一起出去吃夜宵。但更多的情形是，不管办公室有多少人，老板一到，就把大家吆喝到一起吹牛，吹得最多的是"20 年后华为三分天下有其一"，其次是类似下面这样很夸张的表扬："你们好伟大啊！你们干的事情比贝尔实验室还要伟大……"这些年轻的工程师们信吗？当然不信。贝尔实验室在那个年代代表着美国的科技心脏，每天有 3 到 5 项专利发明面世。但这些年轻人激动吗？当然激动。有人讲，老板让大家热血沸腾，讲完回家去了，大家接着加班，经常熬到大半夜甚至天亮，每天工作十六七个小时以上。

什么叫作领袖？定方向、定战略、定班子固然重要，但更重要或者同等重要的是"在现场"——永远在现场。在现场不是躬着腰"耕地"、伏桌编码，而是激发士气，助长信心，让组织中的个体和群体激情澎湃。

但是，谁更容易被激励？什么样的人更乐于被感染？青年人。青年人永远是文化演化、传递的先锋军。青年人单纯，活力四射，向往理想，敢于冒险，富于牺牲精神，"一张白纸好画最新最美的图画"，是组织文化最适宜的"土壤"。

华为文化有两个最鲜明的特征：类校园文化和类军队文化。军队文化的特点是，士兵都是年轻人，他们同样单纯，活力四射，向往理想，敢于冒险，富于牺牲精神。与校园文化的不同点在于，军队文化有强烈的目标导向，推崇效率和执行力。

然而，青年人又最具独立性和反叛性。使命是组织的旗帜，但"使命必达"的基座是基于人性的价值观，是对个体与群体欲望的激发与控制。如果离开这个前提，久而久之，乌托邦就会让青年人产生普遍的怀疑与抵制。

唯有使命和愿景富有张力，才能让青年人的雄心、野心有寄托之地；唯有合理且相对激进的分配制度，才能催生青年人持久的创造力和进取心。二者相辅相成，缺一不可。

20 多年前，任正非以贝尔实验室激励年轻的华为工程师们。20 多年后，贝尔实验室几近销声匿迹，华为却拥有接近 9 万人的研发团队，是全球规模最大的研发团队，每天产生 15 项左右的专利。

少数人主宰组织文化的内涵，青年人决定组织文化的走向。但是组织永远绕不开的挑战是：组织不再年轻。当组织不再血液沸腾、不再活力四射时，当组织变得大而成熟、大而复杂时，信息的传导链变得很长，人的自主性受到压抑，青年人在金字塔的底部无从展现激情与才华，组织文化就会变得僵化和功能失调，长此以往的结果就是衰变与消亡。

具体到 ICT 行业，它的一个基础性特质决定了这一行业与其他行业相比而言更高的竞争性。信息产业的生产原料是取之不尽的河沙、软件代码、数学逻辑，不像传统产业有太多可以制约其发展的自然因素，例如汽车产业的发展，要受钢铁、石油等资源以及道路建设的制约。信息技术最大的制约因素是人。

在某种程度上，全球信息技术企业之间的竞争是年轻化水平的竞争，是企业员工平均年龄的竞争。这的确有点过于残酷，但却是过往 50 年的基本事实：摩尔定律决定了 ICT 行业对从业者想象力、创造力、意志力、使命精神、生理与心理能量的极限挑战，也决定了这个行业大多数企业的两位数的离职率，从思科到爱立信、诺基亚、微软，再到谷歌和阿里……

员工的归属感与离职率是一个悖论。每家企业、每个组织都有自己的一套价值论与方法论，把握得好，就会持续形成战斗力与凝聚力，反之亦然。但是，通过换血与输血以铲除平庸，祛除懈怠，保持组织长期的健康与活力，则是所有组织变革的必由之路。

文化的主宰者永远是少数人

新中国成立 70 周年大庆的前一天，我接到任正非一个电话，他刚看完《中国机长》，从电影院出来，他说他控制不住地流泪了。

几小时后，华为一位高管发微信给我："老板今天看了《中国机长》，很兴奋，说与华为很像，要大家都去看。看来，他又找到新的兴奋点了。这就是带团队的领导力啊！"我回复："光自嗨叫诗人或疯子，让大伙一起嗨叫领导力。"对方回应："领导力首先就是共同愿景。"

两天后我去看了这部电影，一个多小时几次落泪。这是一个令人惊心动魄的故事（电影情节与真实事件有很多细节上的不同），是关于信念的故事，是关于战胜自我和战胜一切外部险恶挑战的故事，是关于团队精神的故事，也是关于战略冒险的故事，同时也是关于战术能力、专业能力的故事。但真正震撼我的画面是层层叠叠、黑压压的乌云团，乌云深处是暗红色的雷暴闪电，围堵在 3U8633 飞机的四周，这样的画面多次出现，让人战栗而绝望！

我从中看到的是华为过去 30 多年的苦难史，想到的是一个超级大国对华为的全面围剿，我也把任正非、华为高管们与身处万里高空、零下 42 度低温、毫无遮挡地被风击雨拍的机长、机组成员相比较，他们共同的一点是骨头很硬，意志很坚韧，信念极端顽强——我们一定能挺过去、冲过去。

3U8633 安全返航了，华为这架被美国高强度打压、围追堵截得弹痕累累的"伊尔 2 攻击机"经过 200 多天的顽强拼搏，已穿过乌云雷暴，飞越崇山峻岭，进入了平原上空，但它能否平安着陆尚为未定之数（注：经过一年多的围剿与反围剿之战，华为挺过来了。我个人认为，华为这架"战机"已平安着陆，下一步面临的是持续飞行，关键是它能飞多高、飞多远）。因此，"同志仍须努力"，努力更努力。

一天后，我收到华为消费者业务大中华区总裁朱平的微信："假期几天看了公司推荐的《中国机长》，结合工作给自己的团队认真写了一篇观后感……我们每一位干部和主官都是'机长''乘务长'！"

任正非在国庆节前发动的观影活动在华为数千位中高层管理者中快速发酵，并且迅速在十几万员工中扩散开来。

30多年来，任正非和华为领导层向员工推荐过许多影视剧、书和文章，他们总是在“借力打力”，“永远能找到新抓手”。“从影视剧中学习治企是华为一大特色”，一位在华为工作了27年的资深专家告诉我，“公司推荐过《南征北战》《大决战之辽沈战役》《阿甘正传》《可可西里》《2012》《大浪淘沙》《大工匠》《晋商》《国家命运》《身份的证明》《汉武大帝》《血色黄昏》《大秦帝国》等许多电影和电视剧，我差不多都看过，有些看了不止一两遍，我现在基本上能从任总推荐的影视剧中琢磨出公司领导们在想什么和公司下一步的导向，20多年也经常被这些影视剧感动得稀里哗啦……”

这几年，华为遍布全球的科技园区、代表处、研究所到处都有大大小小的咖啡屋，有时一踏进某个办公楼的大门，就能闻到浓郁的咖啡的香味儿。这是华为一位高管观看写实电视剧《黄大年》得到的启示。旅英归国的著名地球物理科学家黄大年为了激发科研团队自由思辨的氛围，在所在大学实验室的外面辟出一块地儿，搞了一个咖啡角。

2020年春节后，高管中不少人热议电视剧《安家》，他们从中撷取出的哲理是：不想挨打，就要跑得快，比任何对手都要跑得快。

企业文化说到底是企业家文化。主宰企业文化的永远是少数人。企业家和企业高管们主张什么，喜好什么，倡导什么，鼓励什么，反对什么，厌恶什么，否定什么，惩戒什么，无不体现在他们的观念、讲话和行为举止之中。华为文化无疑打上了任正非和华为高层领导群体的深刻烙印。经历了 30 多年的淬炼和锤打、实验和实践，华为文化形成了自身独特的内涵。它既是普世的，又是华为式的，大致包括以下几个方面：

客户至上文化。这是几乎所有企业的办企宗旨。华为与大多数企业的不同在于，它把宗旨变成了“宗教”，把客户当作真正的“上帝”，而且不断横向开发客户的眼前需求、现实需求，纵向探索和挖掘客户的潜在需求、未知需求。任正非说：“欧洲企业把钱分给了员工，美国企业把钱分给了股东，华为把钱投向了未来。”这个“未来”是指满足和实现客户的未来梦想。发展至今的华为客户至上文化，既是现实主义的，又拥有强烈的理想主义色彩。

奋斗者文化。华为崇尚奋斗与奉献精神，坚信“幸福不会从天上来”。但华为坚持“以奋斗者为本”，不能让雷锋穿破袜子，不能让焦裕禄累出肝病，坚持基于价值贡献之上的价值评价与价值分配原则。

自我批判文化。核心价值观是华为 30 多年来不断崛起的思想利器，华为也不断将其制度化、流程化，而自我批判、自我纠偏主要是针对核心价值观和组织制度是否变样、扭曲、形式化了，它是维护价值观和优良制度的“护法宝器”。

用人文化与干部文化。包括：将军是上甘岭上打出来的，能上能下，之字形成长路线，烧不死的鸟是凤凰，泥坑里爬起来的人是英雄，灰度理论，火线上破格提拔，等等。

英雄主义文化。这是华为企业文化最独特、最鲜明的特征之一。

胜则举杯相庆，败则拼死相救。既崇尚个人英雄，又推崇群体英雄，同时还要包容犯过错误的英雄。不完美的英雄也是英雄。

华为文化：一个杂糅的“文化物种”

华为文化的源与流：美国是华为的老师

任正非的父母对他的人生哲学的影响是潜移默化的、巨大的，“活下去，一起活下去”的顽强的生存意志和“分餐制”——分享制，可以说已经内化到了少年任正非的灵魂之中。任正非的原生家庭赋予他的人格和44年的社会经历是华为组织文化演化的基石。它包含了至为珍贵的奋斗精神、奉献精神、合作精神。但它是朴素而粗糙的，是有局限性的，仅仅依靠这样的文化精神很难缔造出世界级的华为。

少年时代的任正非的理想是“顿顿有馒头、油条吃”（现在他仍然喜欢吃油条喝豆浆），“走出大山到外面的世界看看”。大学时代的任正非从贵州的大山走进了“重庆的大山”——重庆建工学院，知识打开了他的眼界，塑造了他的思维架构能力，但他仍然惦记着一顿能有几个馒头吃。军人任正非学会了服从与遵守纪律，军队构建了他的英雄观与秩序观，与此同时，他也是那个禁锢的年代极少数接触过西方世界的中国青年，但他还是想着能吃饱馒头。

饥饿是笼罩任正非青少年时期的浓重的阴影。可以说，这个影子追随了他大半生，也投射到了华为的管理理念之中。

改革开放释放了任正非这一代人的雄心与欲望，但事实上他们早期的视野仍然是十米、二十米开外，是“鸡的理想”而不是“鹰的格局”（一位研究中国当代企业史的学者之语）。华为在 1988 年的追赶标杆是“超越四通”——四通集团是那个年代北京中关村的明星企业。

1987 年，在租用的一间简易居民楼的办公场地，任正非给筹建中的公司起名，正好墙上有一行标语，就从中间各取了一个字，组合成“华为”。20 多年后的 2011 年，公司在三亚的终端务虚会上，曾经讨论过终端要不要建独立品牌，作为消费品品牌名，“华为这个名字 H 发不出音来，会影响传播”。任正非后来在一次会议上很认真地问大家，公司要不要改个名字，大家说都到这个阶段了，很难改，也没法儿改。任正非感叹道：“当年在阳台上创业时，没想到会做这么大。要是早知道，就取一个稍微国际化的名字了。”

1992 年对华为和任正非而言是一个分水岭年份。这一年邓小平发表南方谈话，这一年任正非率领郑宝用、郭平等人第一次走出国门，第一次“走马观花”看美国，从东到西地感受美国的方方面面。用郭平的说法，“我们几个人就像刘姥姥走进了大观园，带了 5 万美元，坐出租车一甩手就是 100 美元（手上没零钱），出租车司机看我们的眼神都有点怪怪的……”但是，这一次的访美之旅，给这一群黄皮肤的中国创业者，带来的震撼是极其巨大的。

任正非本来就是一个不安分的理想家，美国之行让他变得更躁动了。从此之后，华为追赶的目标主要是西方公司，尤其是美国公司，华为学习的对象也聚焦到了一个点：美国。

1997年岁末，任正非带领20位左右华为高管再次访美，先后走访了IBM、贝尔实验室、思科、惠普……华为高管们深刻体会到美国的开放文化和创新体制的伟大力量。

当时正值圣诞节假期，美国一派节日气氛，这群人却把自己封闭在硅谷的一家小旅馆里，3天没有出门，开了一个工作会议，形成了100多页的讨论简报。这次美国之行不仅进一步撑大了华为领导层的格局与野心，更重要的是另外两点：一是对企业本质的认识，合格的、卓越的企业无不拥有强大的使命精神，尽管它们必须不断赚钱，但赚钱的初始目的与最终目的都是为了实现顾客理想；二是要将华为建立在制度的轨道上，逐渐摆脱对个人的依赖。

访美期间，任正非写了一篇文章：《我们向美国人民学习什么》。

“是美国人教会了华为怎么爬树”，华为的研发、供应链、财经、监管等制度与流程体系中“流淌着的是美国元素”，尽管其中也有华为自身一些适应性创新，但其精髓与骨架基本上都是IBM等一批美国顶尖公司的构造。华为之所以能在短短的20年左右从中国走向世界，迈向全球化，甚至让欧洲成为华为的“第二个本土市场”和基础研究的大本营，从根本上得益于华为从文化到制度体系、流程体系的“美式再造”“西式再造”。这是一个不容回避的基本事实。

当然，这个“美式再造”对标的是传统的、经典的、工业时代的美国精神与企业制度，而非已经被华尔街扭曲了的资本至上、股东至上的所谓的“现代企业制度”。在选择向 IBM 还是向思科学习时，任正非和当时的华为高管们选择了 IBM。IBM 曾经是美国科技企业的标杆，在 20 世纪 70 年代前后，它每年的研发投入高达销售额的 20% 左右，在技术和产品创新、管理文化与制度创新方面堪称伟大。而思科虽然同样伟大，但它的管理文化过于激进，当时的 CEO 钱伯斯固然是一位卓越的战略家，却不得不屈从于资本的意志，将并购当作企业扩张的秘密武器，忽视了面向未来的创新投入和内生能力的成长，这与华为文化有本质上的冲突。事实上 IBM 最近 10 年的困境与诸多因素相关，但资本市场对它的左右应该是主因之一。

华为向美国和美国企业的学习是彻底的、全面的，但它在主体上学习的不是 20 世纪 80 年代以来的美国，而是清教文化支配下的传统美国精神、传统的美国管理理念和企业制度。这是一个重大的区分。

这些年，总有一些学者试图将华为归结于中国式管理的成功，我只能给这些一厢情愿的人泼冷水。的确，华为诞生于中国，任正非和华为的高管们从思想基因的层面深受中国传统哲学和执政党文化的影响，这也大量表现在他们日常的管理思维和言行之中，这是华为崛起的法宝之一。但是，任正非和华为的高管们最清楚，一个能够牵引华为走向世界的组织行为理念，必须包含多元文化特质。

开放是华为的灵魂。亦中亦西，非马非驴，一个杂糅的“文化物种”才是华为最本质的特征。

华为文化有几大脉系：原生家庭对创始人的人格塑造；近代中国的历史文化尤其是执政党文化对组织气质的熏陶；西方尤其是美国企业家的理想主义精神、美欧企业及日本企业成熟的管理理念与制度和流程体系对组织从原始到现代的转型的影响；中外军队尤其是中国军队、美国军队的治军思想、战略艺术、用人观等方面的影响。

金一南将军曾在华为大学有三次讲座，讲座的题目包括："队伍的灵魂与血性""将军是怎样产生的"，案例大多来自美国军队和中国军队。

"虎背上的华为"与学习型组织的华为

少年、青年时期的任正非也许有过很多理想，比如当科学家，当大英雄（见任正非《一江春水向东流》一文），但可以肯定的是，在他的理想图谱中，绝对没有"企业家"哪怕 0.001% 的位置。

走投无路之际，1987 年，任正非创立了华为，从此也就骑上了"虎背"，只能摸着石头在经验为零的道路上一路狂奔。在华为创业早期的前 10 年左右，他有过若干次动摇，想不到通信制造这个行业对资本、技术、人才的要求如此之高，管理如此之复杂，市场如此之艰难甚至艰险。1996 年，在华为销售额达到 26 亿元时，任正非在干部大会上对台下的几百位高管发问："在座的哪一位管理过销售额 100 亿元的公司？"无人回应。任正非说："我也没管理过……"

怎么办？向西方学习，向美国学习。

有一篇流传甚广的文章，想当然地将华为定义为“内求东方哲学”，比如《道德经》，才有了超越联想的成功。这是一个南辕北辙式的认知。任正非在巴塞罗那与几位中国媒体人交流时，非常坦率地说道，儒道哲学几千年了，中国为什么没有出现工业革命？经济为什么没有发展起来？

这几年“华为现象”和“任正非现象”被热炒，许多文章给任正非涂抹了一层又一层高大上的油彩，但与真实的任正非、真实的华为基本不沾边。华为一位高管说，“老板看 5 年、8 年的事情，基本上都很准，但对眼下问题的很多判断也经常会犯错，好在公司的纠错机制强大，不然完全听老板的就麻烦了”。另一位高管说，“老板早年多次讲华为误打误撞进了通信行业，想退退不回去，想卖卖不掉，只能硬着头皮朝前走，朝前走唯一的出路就是多学习。学习使人进步，学习使组织进步，华为几十年进步最大的人是任老板”。

的确，20 年前的任正非在许多华为人眼中的形象是动不动撸袖子挽裤腿，口气很大，意志坚定，斩钉截铁，但言语间并未有更多“形而上”的哲学色彩。随着华为的全球触角越来越广，任正非走世界的里程越来越长，与地球上最顶尖的企业家、科学家、思想家以及形形色色的人物的交流越来越多，阅读量越来越大——走万里路，读万卷书，他的思维的广度与深度也在产生质的变化。但无论是阅读还是纵议天下事，他的思考始终有一个焦点：围绕着华为而展开。理想主义为旗帜，实用主义为纲领，拿来主义为原则。

如果把任正非2005年之前和之后的讲话整理稿两相比较，你会发现尽管企业宗旨、核心价值观方面没有任何变化，但思想的穿透力、哲理性以及用词风格则大为不同，这在2019年他多次面对中外媒体的采访中展现得最为充分。

领先是一种优势，落后也是一种优势，落后使得组织中的个体与群体能够保持洼地心态。华为从上到下的管理者绝大多数都没有经历过经院式的管理学训练，在进入华为前也没有基本的管理实操，但他们善于纵向地向历史学习，更善于横向地向先进学习，向强者学习，向对手学习，向实践学习。

我和华为常务董事会的每一位都有过交流，和华为的大多数董事、监事也有过交流，我的一个深刻印象是，他们每个人不仅对自身的专业和技术很娴熟，同时也都是杂家，知识面很宽，读书量很大。因为平常上班加班忙碌，他们许多人都养成了上下班一边开车一边听书的习惯。

华为一些地区部总裁读得最多的是《文明》《帝国》《人类群星闪耀时》《战争论》等历史、哲学、宗教、军事类的书籍，有人讲起欧洲史如数家珍，有人讲起阿拉伯史头头是道，有人讲起犹太教、基督教的演化史不亚于某些学者。

我在华为有一群书友，他们的年购书量大都在百册以上，年阅读量在50册以上，有人甚至每周读2本左右，这里列举几位高管最近几个月阅读的书目：《思维简史》《禅与摩托车维修技术》《思想史》《论大战略》《上帝与黄金》《新美国》《美国秩序的根基》《物种起源》。

管理者和员工之间互相荐书和探讨读书心得是华为一大特色，任正非也时常给员工推荐书目。与此同时，华为大学有多种多样的读书活动和专题讲座，有一位研发部门的主管说，经常听各种学术报告，感觉还像在校园一样。

学习，如饥似渴地学习；培训，五花八门的培训；这些使华为的管理者们从幼稚走向了成熟，使华为员工变得视野开阔并且富有批判精神，这是华为崛起的一大法宝。然而，成为领先者之一的华为，还是过往那个生机勃勃的学习型组织吗？

"少年派"在恐惧中变得强大

我在华为大学给高研班学员讲课时，多次给他们推荐李安导演的电影《少年派的奇幻漂流》，它可以被称为一部经典的管理学辅助教材。一个能够将圆周率小数点之后的数字写满整个黑板的天才少年，同时拥有多元信仰，在一场游轮覆灭的大灾难后，依托一只小船，在茫茫无际的大海上漂流了 227 天。风暴与巨浪，飞鱼与鲨鱼，夜光水母与灿烂星空，酷日曝晒，食人岛，水尽粮绝……更为惊心动魄的是漂流的初始时那一幕血淋淋的断杀：一条鬣狗杀死了断了一条腿的斑马和一只母猩猩，一只孟加拉虎杀死了鬣狗，从此之后的 200 多个白昼与夜晚，在狭窄的小船上，生物链最高端的一人与一虎两相对望与互相警惕，两相恐惧与两相走近，相互划定地盘，共同迎接海浪与风暴的打击，相互陪伴漂过漫长而孤寂的奇幻之旅。

在和国内一些企业家学员一起观看电影后，我总会向他们发问："你们在影片中得到了什么启迪？假如没有老虎，少年派会撑过227天吗？"代表性的回答包括以下几点：（1）命运无常，生存就是一场冷峻的游戏；（2）无论你信仰什么，你都必须有信仰，信仰、信念能够让一个人、一个组织始终怀有期待，不会陷入绝望；（3）恐惧造就伟大。

是啊，正是老虎那一双闪着寒光的眼睛，那高昂的头颅和无比锋利的爪子，那雷鸣般低沉的偶尔咆哮，让少年派的肾上腺素时刻处于应激状态，周身的细胞始终保持警醒与活力。与此同时，他必须在绝望与希望的交替中学习各种生存的技巧，以及捕鱼饲虎，吹哨驯虎……恐惧使他的神经变得粗糙，使他的生存意志变得强壮，使他不再恐惧，甚至与恐惧融为一体。

恐惧在组织的文化结构中是一个异质性元素。企业和企业家的第一特质是理想主义加自信力，如果总是被恐惧、悲观的情绪所笼罩，必定一事无成。但假使没有过挫折与苦难，没有或者很少有过绝望时刻，风平岸阔和一帆风顺的另一面就是自大与狂妄，就是拒绝学习，就是敬畏感的缺失。

华为一路走来风雨交加，一个危机接一个危机，危机带来了恐惧感：华为明天会不会倒下去？

事实上过往 30 多年的全球通信史就是一部残酷的兴亡史，“一批一批的大企业陷于困境，以至消亡；一批一批的小企业成长为参天大树，大树又被雷劈。不断地生，不断地死……”犹如将“500 年春秋战国史缩到一天内”，这是 20 多年前美国企业的丛林式竞争带给任正非的心灵震撼。

20 多年之后，华为已是“参天大树”。它会垮掉吗？会以什么方式垮掉？这是一个无比严峻的命题。

领先会成为领先者的滑铁卢。领先使得组织变得封闭，使组织的领导者和员工变得不思进取，其结果就是被后来者所超越。华为从洼地中崛起，假使没有了洼地心态，没有了对当下和未知的恐惧，倒下去不过是时间问题。

心中无虎，一个人、一个组织就会张牙舞爪。心无畏惧，一个人、一个组织就会不断放大自身的能力幻影、能量幻觉。

我近距离地观察了华为 20 多年，和任正非、三位轮值董事长、诸多部门的高管们有过许多交流，也列席过华为一些会议，最为深刻的印象是，他们很少唱赞歌，虽然都很自信，但批判起华为来都很不留情。从 20 多年前到今天，几乎年年都有高管唱衰华为。任正非经常充当“两面派”，一个阶段讲华为“前途一片光明”，一个时期说华为的“冬天到来了”。华为的蓝军部门、新成立不久的咨询委员会，几乎每隔几个月都会炮制一篇“狼来了”的调研报告，以数据和事实来警醒最高层，常务董事会又会把这些警讯发给三级以上管理团队，甚至通过心声社区传导到19万名员工。

华为在2019年9月前后做出决定，5G技术可以转让给美国一家公司。任正非在接受美国《财富》杂志访问时就此答道："现在督促华为公司进步的鞭子在我手里；未来，我将把这个鞭子交给美国公司，美国公司进步成为强大的竞争对手，逼着我们19万人心惊胆战地努力。"

竞争带来发展，恐惧造就伟大。

第3讲

华为，企业文化的胜利（下）

文化传播与文化变革

“人类在很大程度上是讲故事的动物”

卓越组织最显著的文化特征是：有一套在生存压力中逐渐形成的公司哲学观和意识形态，一套有别于其他组织的话语体系，一套鲜明而复杂的仪式系统，一套有效而频繁使用的奖惩机制。

华为的哲学观和意识形态就是它的使命、愿景与价值观，这是一个完整的、闭环的观念链，它经历了几十年的演化历程，并非源自创始人和高层领导群的精心设计。华为的使命、雄心与格局是在与世界巨头的同台竞争中被撑大的。核心价值观也不是一次定型的，而是从几十年中无数个成功与失败的真实案例中凝炼而成的。直到2010年，四句话的“碎片”才被整合成一个闭环的价值观逻辑链，几年后，“坚持自我批判”又从价值观链条中分离了出来，成为环绕三句话的“护法宝器”。

华为的哲学观和意识形态有说教的成分，但它的内核是对人性的遵从。一些组织家总是期待组织中的每一分子都是使命人和愿景人，或者是自组织人，这显然是违背人性逻辑的。几百年前就有一些著名的空想主义者进行过所谓自组织社会的乌托邦实验，至今在以色列仍有类似的公社组织，但它们几乎都是失败案例。当今管理学界又一次泛起的自组织理论，无非是传统乌托邦理论的新变种。

组织领袖和各级管理者需要说教和“传教”，从而不断在组织中搅动使命和愿景的旋风，让更多的人被感染、被同化、被激荡，但我们必须意识到，商业组织与组织中的个体在本质上是契约之上的对价关系。“五谷杂粮中有黄金”，衣食足则贵理想，“形而下”是基础，“形而上”（使命与愿景）是旗帜。

华为核心价值观的每一句话几乎都是可以量化的，而“形而上”却是虚的、宏大叙事的、无法量化的，它必须有“形而下”做支撑。

梦想和使命滋养着华为的十几万奋斗者，他们相信奋斗的前头是阳光、花环和奖赏。相反，人们“为什么抛弃一种信仰，仅仅是因为它不再真实”（罗伯特·福斯特）。

有两种不同的组织思维和组织文化，一类是循环式的，创造财富—分配财富—再创造财富—再分配财富……循环往复若干年，但进入某个时期，财富循环将无法持续，因为这种实用主义、物质主义的商业游戏很难长期吸引一群人、一大群人葆有持久的奋斗激情，甚至包括创业家本身，到一定阶段也会陷入动力消失和“意义”困惑的迷宫中。另一类组织思维和组织文化是线性的，在一群人、一大群人的前方始终有一种高大的信仰、理想的牵引，同样有一套可量化的、公正的、富于吸引力的价值分配体系，这样的组织既是真实的，又有一种强烈的“意义”激荡，自然就能够推动和牵引整个组织的上上下下在线性的轨道上持续奔跑……

“人类在很大程度上是讲故事的动物——这是我们推理的方式，也是我们记忆的方式。”任正非就是一个故事家，30多年来他始终在华为传递着最简单的常识：以客户为中心，以奋斗者为本，长期艰苦奋斗，长期自我批判以及为客户创造价值，实现客户理想。30多年从未有过观念上的偏移和变化。但无论是正式地还是非正式地传播华为的“阿弥陀佛经”，他都经常把它包装在一两个小故事中，除了来自华为的真人真事，大量的故事来自近代以来的中外政治史、战争史。他喜欢看各种各样的纪实片和回忆录，与此同时，他的语言和文字的表达风格也有一种略显夸张的冲击力，容易将听者带入共同的情境中。而且在一个阶段内，他会不断重复地讲同一个故事。“讲故事不能罗列，不是说评书，一会儿杀岳飞，一会儿杀秦桧，抓不住主题……”

共同想象力加相互感染加反复强化，故事背后的哲理就进入了人们的记忆与行为结构中。华为一位常务董事讲，“《圣经》就是一个一个的故事”。

文化建设是从信息的不一致开始的。因此，对个体和群体导入主流观念是文化管理的必要工具。华为大学就承担着传播主流信息、主流观念的重任。新员工从入职开始学习的第一单元、第一课就是“华为文化与价值观”。随着在公司的职业生涯越久，他（她）可能会无数次进进出出于这个“思想发动机”和“文化搅拌机”中，参加青干班、高研班、网络教育、各种各样的研讨班、不同话题的讲座……但华为大学的教学方式主要是案例式的、辩论式的。你可以说它是“故事会”，你也可以称其为“辩经堂”，但它就是不像正规的中国“学堂”——大学。如果说它像大学的话，它对标的是黄埔军校、抗大（中国人民抗日军事政治大学）和西点军校。

华为的各级管理者也承担着文化传播的责任，甚至被纳入了年终考核的系数。而且文化建设覆盖到了公司的所有部门、所有人，比如深圳总部的司机班，每隔一段时间，不值班的司机都要参加集体学习，学习和讨论的内容更多是对照核心价值观反思和讨论自己和部门的工作态度、服务质量等问题。

从创立之日起，华为始终坚持的传统是：各级管理者经常要写各种各样的心得体会，有关于公司某一个决议的，有关于一本书或一部影视剧的读（观）后感的，有关于某一个典型案例的……任正非会花时间进行阅读，并对有见地的文章写下评语，推荐到《华为人》报、《管理优化》报或心声社区，把十几万员工再卷入讨论之中。

在长达 30 多年的文化建构和不断传播下，华为形成了一套有别于其他企业的具有高区分度的文化密码：一连串的军事用语和英文字母缩写，比如战场、上甘岭、塔山、将军、战役、战争、前线、火线、将士、主官、兄弟连、炮火、重装旅、预备队、后勤保障、进攻与防御……IPD（集成产品开发）、ISC（集成化供应链）、IFS（集成财经服务）……（详见附录 1），假使你与一群来自不同企业的年轻人开一小时左右的会，大致就能识别出谁是华为人。他们从语言到行为风格都烙上了鲜明的华为文身。

危机是组织文化的试金石，在文化的创建和传播中拥有特殊地位。华为从小到大、从弱到强的 30 多年充满了危机。恰恰因此，华为的文化才变得极其真实。2002 年，华为出现了历史上的第一次负增长，3G 投入巨大却颗粒无收，放弃小灵通，离职员工从公司大量挖人和窃取技术，市场订单在减少，回款困难导致现金流几近枯竭……内外交困之际，华为管理层和基层员工展开了多种不同形式的活动，人人慷慨激昂地表决心。2002 年年底的公司春节晚会上，可容纳上万人的深圳体育场座无虚席，上万华为人唱着一首首节奏铿锵的歌曲，主持人用悲壮的语气喊道："我们一定能挺过去！"

2003 年年初，华为的中高层管理者响应公司号召主动降薪，申请书中充满了与公司共沉浮、共命运的激情。但也有人的降薪申请被打了回去，因为他的月薪低于 7000 元。

晚会结束后不到半个月，中国的春节前夕，思科公司在美国本土发起对华为的诉讼，其亚太区主管扬言"要让华为倾家荡产……"

在此期间，任正非的抑郁症进一步加重了。但他的意志很坚强，高层也很团结，大家一起将一场重大的多重危机转化成了公司强大的战斗力和凝聚力。

徙木立信，文化要构筑在制度的磐石上

华为一位高管说："文化传播就是比谁的嗓门大，比谁喊得响，喊的频次高。老板从一开始就主导了意识形态的话语权，他认为正确的，就大会小会反复讲，气场也强，一直讲到你'投降'了还不行，还要让你打心眼里认可。当然，他是这么'洗脑'别人，自己也是这么想、这么做的。"

任正非自己说："我一贯是吊儿郎当，到处胡说八道，你们信了我，我就是标准了。"

华为的高层领导们不仅自己大声喊，也通过各种不同的方式，尤其是仪式活动让大家一起大声喊，一起讲故事，甚至让员工家属也参与到价值观的传播活动中。2009 年年底，华为在深圳音乐厅举行市场部表彰大会，"天道酬勤"奖获得者、时任北非区总裁彭中阳主题为"我不苦"的获奖感言把一位叫薛银钰的高管感动得"眼泪哗哗哗地流"。薛银钰毕业于清华大学，1996 年加入华为，长期在用户服务部门工作，是隐身于英雄们背后的"无名英雄"，一路经历了华为从一个产品很烂的公司到产品接近免维护、免服务以及从

中国的乡镇走向世界的全过程。他和一茬茬的团队成员们经历了太多的苦和累，他太太和女儿经常说他“嫁给华为了”，但却一如既往地支持他。2014 年，在他们夫妇结婚 20 周年纪念日那天，他为太太准备了一份礼物：把他在华为 18 年来获得的荣誉证书和各种奖牌拍照后做成 PPT。他说，他把青春献给了华为，也让家人一起共享荣誉。

2015 年，我和华为 EMT 秘书处处长殷志峰一起与南非的外籍员工座谈，有白人，有黑人，有阿拉伯人，有男性也有女性。他们曾经都是西方一些大公司的主管，每个人在做自我介绍时，都很自豪地说：“我是金牌奖获得者，也是‘明日之星’奖的获得者。”

然而，文化传播的过程也充满了大量的噪声干扰。在华为创立的早期，就有高管对员工普遍持股持反对意见，认为华为应该向西方公司看齐，配股要大幅度向骨干员工和高管倾斜。还有，相当长一个时期，一些主管对任正非描述的未来愿景是持质疑态度的，背后讥讽为“打肿脸充胖子”。在华为出现危机时，也有高管放弃购买公司股票，2002 年公司配股时，当时一位常务副总裁听说要贷款购新股，就放弃了，他跟我说：“我在公司的股票价值一两千万元，一旦公司出事，我哪儿有能耐承担？这辈子就完了……”

类似的观点、行为、冲突是一种文化潜流，它对年轻的、未成型的、脆弱的组织文化是一种威胁，组织必须以强有力的措施予以应对。除了“大声喊”之外，更重要的是要把价值观构筑在制度的磐石之上。

文化是一种软实力，有了制度的依托，它就会转化成硬实力。反过来，制度又能够捍卫和巩固文化。制度能对文化产生最直接效用的就是奖惩机制。华为人力资源部的一位主管说，干事业就是在寻找同路人，华为是在全球70亿人中寻找同路人，寻找认同华为价值观的人，同时你又不能保证每一个加入华为的人都是同路人，所以华为的30多年也是不断淘汰“半路人”的30多年。历史上离开华为的许多人，其中相当多的人表面离开的原因背后是与公司的价值观不合，比如有的人一心想的是在资本市场赚大钱，华为不上市，股权又很分散，于是就出去自己做老板……

组织中的个体不能忍受太多的不确定性，尤其是在组织发展的早期，组织领袖必须有鲜明的价值主张，并且有铁的手腕徙木立信。在华为，经常有人被连提三级，也会有人被连降两三级，有人从士兵一夜之间升为将军，也有人从重要岗位被突然挪移到边缘部门，有人戴红花、捧金牌，也有人被降职降级附带罚重金，任正非和轮值董事长们以及相关常务董事也经常会承担领导责任、陪绑罚款……华为频繁地以这样的过度刺激的方式广而告之十几万员工，什么是组织所倡导的，什么是组织所禁止的，什么是华为所期待的，什么是华为所反对的。

“如果成功人士更可能被模仿，那么导向成功的特征将会被青睐”。同样，如果偏移、背离组织文化的行为被惩戒，或者贯彻和实施组织文化不到位、懒作为和乱作为的人被降职或被边缘化，那么人们就会更加积极地拥抱主流价值观。

大多数人并不关心文化的精美性，而最关心经验上的真实性。任正非和他的领导群体围绕华为的使命、愿景、核心价值观创造了一个纷繁、复杂的文化谱系，也不断地通过各种手段进行强势传播，但它的累积和扩散必须具有可尝试性、可观测性、可模仿性，同时更重要的是，它在落地实践的过程中，也要拥有压倒性的成功率。华为一位高管说："大家为什么愿意听任总的，是因为跟着老板总能打胜仗……"

这后半句话是文化演化上的一个重要特征：人们更倾向于模仿权威人士，追随者们通过选择模仿权威来最大化他们的期望效应。这是通往组织文化凝聚力的一条捷径，能够大大降低文化传播的成本，但同时这也许会导致非理性的狂热。许多组织发展到这一阶段都普遍陷入了进化上的停滞，企业家被神化了，文化的封闭力量和排异功能变得很强大，一个足够权威的系统或过于强势的个人权威限制了人们想象的自由和创造力的发挥，僵硬的组织体让人们不再有归属感。

共同演化之舞，亚文化与必要的冲突

个体遵循文化，但也是文化的创造者与传播者。个体遵从制度，但并非制度的囚徒。当组织的主流文化进入成熟期时，就必须充分展现弹性。

华为曾经是一个弱小的行业追随者，前行之路上有清晰的技术路标、产品路标、市场路标，所以很长时间内它只需要遵循西方公司制定的标准和游戏规则，最大程度地激发团队的战斗力和凝聚力，以比对手更具吃苦精神、更具冒险和征服的气质赢得一场马拉松赛跑。所以，早期的20年，它的组织文化更像军队文化，简单划一，节奏短促有力，有很强的执行力，但这也在一定程度上压抑了员工的自主性与创造力。

华为早期更像一支任正非所形容的游击队，“扎着白毛巾，提着盒子枪”，在青纱帐中“杀出一条血路”。华为要想挺进全球市场，就必须以更快的速度、更清晰的文化规范、更严明的制度流程实现向正规军的转型，容不得任何的非主流声音和溢出动作。

在组织发展的初始阶段，控制信息是管理的一种必要工具。华为董事会秘书江西生回忆，“当年老板让我们少交朋友，交朋友心思就散了，就不会聚焦在工作上，很多领导真的没朋友，包括我，有时觉得很孤独”（作者注：任正非也没朋友，也很孤独），还有“我以前写过很多检讨，那时写检讨是真心的，自己觉得错了就写检讨，登在两报（《华为人》报和《管理优化》报）上……要让大家知道，提醒别人注意避免……”（作者注：几乎每一位华为高管都写过检讨，包括任正非）。

任正非在华为创立后的前 20 年，成功地构建了一个虚拟的文化岛屿，将华为与欲望横流、机会主义泛滥的外部世界隔离开来。这是当今企业文化史上一个匪夷所思的奇迹。但是，在华为文化拥有强大免疫力的今天，在华为成为行业领导者、整个 ICT 行业进入创新的无人区阶段时，华为文化如何从单一性向多样性转变？主流文化与亚文化如何实现嫁接？这显然是有很大挑战性的。

2019 年年初，华为以 120 万 ~200 万元的高薪从全球高校毕业生中大量招聘天才，但华为一位战略专家不无忧虑地说，“凤凰成批来，我们的梧桐林能不能让他们栖息得住，让凤凰自由飞翔，是要打问号的”。

一方面是华为面向未来的人类使命感，华为需要更多的天才。而天才的一大特征是反秩序，他们的思维与行为方式基本上不在既定的条框之内，你让他们每天上下班打卡，用短中期的考核去考他们的天马行空，天才不是飞走了，就是翅膀萎缩了。

另一方面是信息技术对组织文化演化的影响，互联网正在彻底改变传统的信息传递方式，文化孤岛将会消失，新新人类步入职场的同时，带来的是组织中五彩缤纷的亚文化、五花八门的亚组织。组织要想在保持传统价值观和吸纳新文化方面达成平衡，就需要对新形态、新事物既有充分的开放姿态，又要进行严格的筛选：组织文化中哪些部分必须永恒坚守？除此之外，无论内涵还是表达方式、传递方式、扩散方式都在可变之列。

“为客户创造价值，实现客户理想”的使命是永恒的，客户是华为永远的“上帝”，这是华为 30 多年“造神运动”造出的“唯一的神”。任正非是华为文化最大的造神者。客户永远是对的，而任正非却会犯错，所以任正非是平凡人，是小人物，是 19 万个小人物的领袖。正因为是一群小人物，就得艰苦奋斗，只有不断奋斗，才能更好地贴近客户这个“上帝”，并被“上帝”所悦纳。

但是，所有的组织都会产生毒素。任正非有一次到华为南京研究所考察，无意中说了一句“水池中可以养泥鳅”，没过几天果真有人在水池中养了泥鳅，成为员工中流传的一个经典笑话。但笑话背后的文化现象很值得警惕。任正非多次疾言厉色地说，你们要眼睛盯着客户，屁股对着老板，但实行起来谈何容易啊！

企业类似于军队，必须有一套嵌套式的层级制度以维护领导者的威望，这是构建团队归属感和凝聚力的前提。但是，威望是一个复杂的文化现象。一些威望来自机制安排，一些来自个人魅力，比如领导者的奉献精神、英雄气质、言语感染力等，但更重要的是比较长的一个历史阶段中领导者决策的成功率，它最能展现领导者的战略力与组织力，从而让追随者在有信心的同时更有安全感。但这也容易导致偶像崇拜。

领导者要勇于作茧自缚，将自己的权力半径限定在制度的框架内，以造就组织中人人有权、有职、有责，同时人人权力有限、责任共担的组织文化氛围。当有人给任正非扣一顶“伟大”的帽子时，他说自己是大尾巴松鼠。在接受美国 CNBC 电视台主持人采访时，他回答："我对内对外都是妥协，我希望人们忘掉我，忘掉我他们就望星空了……"

上帝驻在星空中。

华为的核心价值观是基于人性和长期的成功实践形成的一组共享假设，使华为文化貌似坚不可摧。但正因为它是基于人性的，而人性是有毒的、可变的，所以坚守核心价值观说起来容易，永恒坚守几乎是不可能的。正因此，才需要不断进行自我批判，才需要在组织中不断引入"有益的冲突"——亚文化，它既是可能的摧毁性力量，也是组织在成熟阶段可借助的、有益于激发文化活力的积极元素。

英雄主义是华为文化的一大特质，使其拥有了激情色彩和神圣性，一旦华为退化成一个高度理性的、数字与逻辑管理至上的色彩平淡的组织，也就离衰败不远了。但新的华为英雄们也许是吊儿郎当的，也许是奇装异服的，也许是美食精馔的酷爱者，也许是宠物爱好者，也许"枪声一响就会尿裤子"，但只要冲上了山头就是英雄，第一个冲上山头就是大英雄，就理所当然地应该获得大大的奖金包，以及加薪和晋升，以及"骑白马戴红花"。

2020 年春节后，任正非连续 6 个下午考察 2012 实验室研究院，并与专家们进行多次座谈，我随同参加。每次开头他都会说："我可没什么指示，就是和大家喝咖啡，吹牛，吹得越远越好，反正咖啡厅说的不算数。”他在座谈会上的部分言谈摘要如下：

> 领导不是讲方程式，而是讲方向。让科学家领导科学研究才能产生价值。步调一致只适合传统工业，高科技企业思想要自由。
>
> 我到成都研究所去，他们讲拥抱贝加尔湖，我说你们的格局太小了，都江堰的农民能理解太平洋吗？为什么不敢称霸世界？我们讲的上甘岭就是称霸世界。你们要建立“我就是标准”的自信。
>
> 我们当年那么穷都敢赌博，敢于和全世界的科学家合作，超前投了几千亿元，美国一打压就体现出来了。只要方向与我们大致相同，我们就去投。我们不做基础研究，就赚不了多少钱，赚不了钱就做不了基础研究。终端赚了一些钱，就是因为我们投入了很多钱搞基础研究。没有技术上的世界领先，就卖低价，卖低价你们只能有低工资，低工资你们就跑了，华为就成了物业公司，靠出租房子维持。
>
> 费马定理的证明花了300年，我们不能用实用主义要求科学家。科学家都是天问，像屈原都跳江了。你们既要天问，又要接地气。
>
> 钱伯斯很伟大，你们这里可以有个口号：向钱伯斯学习。他是我们的对手，是伟大的对手。

你们要多喝咖啡，多交流。我们不问你们要论文，你们要到处去参加学术会，和人喝咖啡，坦诚和别人交流，不要藏着掖着，靠保密成为不了强者，强者才不怕开放。

一个人干净到连细菌都没了，这个人就没用了。枪声一响，尿了裤子的长一级，没尿的长两级，有贡献的长三级。

……

以上的观点贯穿于任正非30多年来一贯的管理主张中，但近几年他讲得更频繁、更响亮了，我们从中明显可以看出华为文化变革的脉动。

我们为什么要进行文化变革？因为人在变，组织在变，环境也变了，一切都在变化。

第4讲

理念·制度·人
（序篇）

乌托邦闭环：人、理念与制度最优化

任何组织，都在致力于构建一个理想的闭环体系，即在组织的理念、制度和人这三个方面达到最优。但事实上，这很难做到，能够做到相对最优就已经很了不起了。华为以30多年的时间快速崛起，31年销售额年均以接近两位数的速度增长，技术与产品从0起步到世界领先，之所以有这样的世界级的成就，就是因为它构建了一个创新的理念体系、制度体系，以及拥有在理念和制度的平台上吸纳、锻造、成长起来的19万知识员工，在这三个方面它都做到了相对最优。

如果哪一天华为出问题了，一定是这三个方面都出问题了，或者至少某一个方面出问题了。

换个说法，一个健康的组织，必须有自己的组织理念，即价值观。价值观要回答和解决的是组织为什么而设立、朝什么方向走、如何走的组织精神层面的问题，代表着组织的灵魂。理念衰则组织衰，理念亡则组织亡。

制度派生于理念，依附于理念而形成。同时，制度又是理念落地、生根、行为化的保障体系。一个好的理念如果没有一套完整的制度设计和制度安排，就会被束之高阁，久而久之就成了华丽的披风、廉价的口号，徒有其表而无实际意义。

制度与理念是相互嵌套的匹配关系，制度因理念而生而存，二者并非彼此分离的“两张皮”。

组织中的个体既是理念的认同者——因理念相合而走到一起，又是理念的臣服者、被改造者——作为组织的一分子，自觉或被迫接受组织的价值观，自觉或被迫剔除自身原有的与组织价值观对立的成分，同时依循组织的制度、规则，即一套行为规范体系，与组织的其他个体构成价值创造的共同体，并享有参与组织价值分配的权利。而组织中某些卓越分子也会对组织的理念与制度的创造、完善和动态优化做出贡献。

先有鸡，还是先有蛋？从组织发生、发育、成长、成熟的过程看，往往是先有人、人生事、人因事而造理念、造制度，进而理念牵引制度、牵引人，人又进一步修补、优化理念与制度，直到达到某一个最佳临界点——健康的理念、良性的制度、在秩序的根基上富有活力的一群人，三者相辅相成。这是一个健康组织的理想状态，它近乎于一种乌托邦，但又是不完美的，因为三者很难做到完全的一致，所以它又不是乌托邦。它更不是静止不变的，过了最佳临界点，它还会演化、演进，有可能会滑向相反的方向，异化成它的对立面，比如理念的扭曲、制度的僵化、人的懈怠等。

研究组织的理念、制度、人的三位一体的形成、进化和变异的过程与逻辑，对解剖华为这只“组织麻雀”会有很大帮助。或者相反，通过解剖华为的文化、制度、组织变革、个体成长与团队精神，对我们探索企业组织的一般发展规律、组织创新规律会有一定的启发意义。

架构，架构，架构

什么叫领导者？领导者首先得是组织家，是观念要素、制度要素和人的要素的组织者。所以他或她必须有很强的架构思维能力。

这一点在任正非身上有很鲜明的体现，比如你听他的讲话、看他的文章，天上地下，汪洋恣肆，信息的张力很大，但是内在的逻辑、结构是相当严密的，而且最核心的思想逻辑是贯通于整个华为几十年的历史的。把任正非30多年来的讲话、文章做个大数据索引，你会发现，就本质内涵来说，他 30 年前的讲话与今天的讲话没有根本的改变，是一以贯之的。这也许和他所学的专业——建筑学有关系。

说个题外话，在我看来，他一生都没有偏离自身所学的专业，你看华为在中国的八大园区的建筑群落，几乎都是所在地域的标志性建筑群。对建筑艺术的酷爱是他发自灵魂的追求。当然，这种注重蓝图设计、注重结构的模块化、注重秩序和规则及其变化的思维方式也投射到了他对华为的管理中。

我观察华为 20 多年，和任正非交流了 20 多年，头脑中经常会冒出一个词：设计感。思想设计、文化设计、制度设计、组织设计、人的设计，让人在企业理念和制度的轨道上运行，包括人与人在文化和秩序之上进行优化组合，这些其实是任正非在华为费心费力做得最多的事情。

任正非 30 多年来几乎每十年都要和高层团队为华为画蓝图，几乎天天都在思考怎么“搭积木”——理念积木、制度积木和组织积木。他总是处于思想的饱和运动状态，因此他长年失眠，而周边的人也总感到跟不上他的思想变化，也因此，他也时常表现出对他人的不耐烦。

与此同时，任正非也是个实验主义者，一个企业管理思想和管理制度的实验家，一个思考如何应对内外变化、未来变化的组织变革的实验家，更是一个思考如何在数字化时代管理知识分子的实验家。

当然，正因为他的实验比较成功，所以任正非也把自己从日常的管理事务中解放了出来。

华为每年的市场部大会是最重要的会，开 3~4 天。2018 年 1 月 15—18 日的市场部大会，任正非在开幕的时候发表了讲话，回答现场和线上高管们的提问，第三天参加了“烧不死的鸟是凤凰”的自我批判大会，其他的会一概没参加，完全放手让常务董事们去主持和组织讨论。会议第四天早上，我刚登机准备回北京，接到任正非电话，原来他也在机场。他要飞哈尔滨钓鱼去！东北的冬天零下 20 多度，他跑到松花江去钓鱼，还发给我一张照片，照片中他穿着大棉袄，戴着皮帽，站在厚厚的冰面上，双手捧着一条大约 5 公斤的大鱼（鱼是别人钓的）！他可真够洒脱的！

任正非这种洒脱应该说源自他几十年的不洒脱，源自理念建设和制度建设对企业家的解放。从“形而下”的“婆婆式”管理到“形而上”的“甩手掌柜”，中间隔着的一层，就是企业家的架构思维能力和形成架构的意愿，有时候意愿可能更为重要。理念依赖加制度依赖的架构型组织从本质上讲，是对创始人、管理者至高权力和自由意志的否定与剥夺、制衡与约束。

组织的总体架构设计可以归结为两方面：第一是理念，怎么管理人的大脑；第二是制度架构，怎么管理人的行为。组织理念是个人与组织行为的最终支配者，这一点相当重要。很多企业进行企业文化设计，搞价值观设计和制度、规章的设计，最常犯的错误就是理念架构与制度架构“两张皮”，事实上形成的是平行的双架构甚至多架构。这样的架构不稳定，也容易带来一种现象，即文化理念流于形式，制度缺乏理念支撑而难以获得广泛认同。

华为的理念、制度、人是一个闭环架构，制度派生于理念，理念与制度共同支配和激发人在组织中的行为，当然也包括对人的组织行为的约束。反过来，理念与制度又是由人设计和优化的，人也可能会扭曲理念与破坏制度，这三者在组织中构成了一个动态的闭环。

对组织领袖们来说，首先，从创业一开始他们就要进行这样的架构设计，同时架构设计绝非上帝创世般的一蹴而就，而是在长期的组织实践中不断被验证，不断被修正，在顶层设计和“摸石过河”中波浪式地进行修补、优化和改进。

关于人：人性的激发与牵引

经验与假定：原始积累期的管理观念与实践

华为，或者说任何民营企业都会经历一个原始积累期。在原始积累期，组织对人的管理的特征是什么呢？这时期的管理在严格意义上没有经过理性的设计，或者说只有一个出于直觉的、粗糙的设计。这在我们中国企业中尤为突出。

1978 年之前的中国，本质上仍然是一个农业社会，虽然经历了 20 世纪 50 年代到 70 年代的工业化运动，初步建成了自身的初级工业体系，但从企业管理的角度来看，并没有创造和形成一套中国式的管理理念、管理思想，而主要借鉴于苏联的高度计划经济制度的、半军事化的国家动员模式，所以无法给改革开放之后的中国企业尤其是民营企业带来学习与参考的价值。而且我们必须看到，这样的模式是建立在对个体和人性的漠视之上的。

改革开放之后的中国民营企业家们，在冒险创立一家企业的同时，面临的最大挑战和困惑，是管理思想的空白与迷茫，是对人性解放、人的欲望在长期禁锢后的全面释放而带来的兴奋与迷茫。

如何管理人说到底就是如何管理人性，而“人性”这个概念对40 多年前的中国人是陌生的。对“第一个吃螃蟹”的那个年代的创业者们来说，对柳传志、张瑞敏、鲁冠球、南存辉、任正非等一大批或成功或失败的企业家们来说，他们的创业史无不始于对人性的艰难探索，“黑猫白猫”调动了人的自主性与创造性，企业活下来了，这样的基于人性的制度设计就是“好猫”。而人性又是多元、丰富和多变的，把握不当，又可能倾覆本来就不坚实的组织大厦，所以改革开放以来，尤其是早期的 20 多年，中国的民营企业崛起得快，也垮得快，大多像流星一般划过天空。背后原因有很多，包括外部政治、经济政策环境的高度不确定性等。但从管理的角度讲，大致都逃不过这样的规律：对人性的认知与把握。活下来且活过 30 年以上的民企，大都在人性管理上跌跌撞撞地摸出了一套适合自身的价值论与方法论，反之亦然。但这仍然是一种未经理性设计的、粗糙的、简单的组织生存法则。

具体到华为，其早期的管理思想和管理动作更多的是基于创始人的人生经验、人性想象和非系统的学习之上的一种“零敲碎打”，是朴素的、经验型的，同时也是实用主义的。尤其在制度建设上，基本上是打补丁式的，缺什么补什么，面多了加水，水多了加面，一切为了活下来。这里面有个不被人们关注的却又很重要的细节是，任正非创立华为的时候已经40出头了。耐人寻味的是，柳传志、张瑞敏、王石、鲁冠球等卓有成就的第一代企业家，创业时的年龄大多都在40岁左右，有足够的经历和精力是他们共同的特征。

沃顿商学院、麻省理工学院等对美国企业共同开展的一项研究也表明，创业最有可能成功的，是那些中年以上的创业者。美国企业创始人的平均年龄是41.9岁，科技领域公司的创始人平均年龄是43.2岁。而那些拥有专利的科技公司，其创始人平均年龄是44.6岁。可以看到，科技公司创始人的平均年龄比非科技公司的略大。而且越是头部企业，创始人的平均年龄越大。

巧合的是，任正非在创建华为的1987年，正好44岁。

44岁的任正非，有过苦难的少年岁月，上过大学，当过兵，有过被打压、被歧视的际遇，也有过光荣与辉煌的过山车式的人生高峰体验。这些个人经验对一个创业者来说无疑是一面镜子，会自觉不自觉地投射到组织的管理活动中，形成鲜明的、有别于其他组织的管理风格、组织气质，这种风格和气质也会逐渐地影响其追随者以及组织中的多数个体。

第二个就是人性假定。企业家做战略要进行假定，其实对人性、对管理对象的欲望诉求更要进行假定，也即对员工关于财富、权力、成就感的普遍欲望的假定，还包括对特殊个体比如高管个体的欲望诉求进行假定，这是组织管理最基础也是最关键的假定。

任正非10多年前就讲，假定是人类最伟大的思维方式。假定有对有错，错的假定会带来灾难性后果。但没有假定、懒于假定、弱假定则更具灾难性。而避免错误假定的正确途径只有一个：学习，如饥似渴地学习。

任正非有一个非常重要的特点，就是终身学习。张瑞敏也是一位学习型的企业领袖。不过，他们的学习方向和方式似乎有很大不同，比如说张瑞敏酷爱阅读管理类著作和文章，而任正非却什么都看，就是不读管理类书籍和小说（坊间有人写文，称任正非大量研读德鲁克的著作，此说纯属杜撰）。任正非的信息涉猎面极宽，包括历史、哲学、宗教、科技、艺术等，而且他几乎每天都在学习。他已经 75 岁了（2019 年），精力依然很旺盛，我经常在凌晨 12 点、1 点收到他的邮件，内容多是他看到的一些与华为无关的文章、视频，但你会发现，许多信息都会被他吸纳到关于组织、关于华为的思想架构中。

任正非没有读过商学院，柳传志、鲁冠球等第一代企业家几乎都没接受过系统的管理学教育，许多人也不见得懂什么是行为科学，什么是 x 理论、y 理论、z 理论，然而，他们对人性的洞悉与把握应该说都是大师级的，除了经验的积淀外，他们普遍都有一个爱好：读中外历史。

历史是鲜活的人性史，在光怪陆离的历史故事背后，往往沉淀着最深邃的人性逻辑。

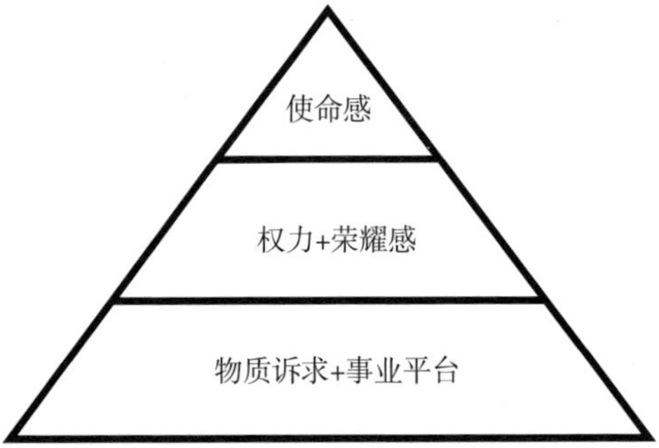

图 1　想象与理性探索：知识型劳动者的欲望结构

图 1 这样一个看似简单的结构图，我和新加坡国立大学商学院的乌耀中教授对着黑板整整讨论了好几天。这个结构图是我们在大量阅读任正非几十年来的各种内部讲话、访谈华为一百多位高管、参考学术界的一些研究成果深入讨论之后形成的“知识型劳动者欲望结构图”。它与马斯洛的“五层次需求论”既有相似之处，又有细微区别。

它的底座是物质诉求和事业平台。人都有一种最基础的物质诉求。这听起来简单，但在现实的实践中却存在认知上的盲点。比如一些管理者就认为，知识型劳动者更看重自我价值的实现，不在乎“自我价格”的多少；再比如，一种很流行的观点是，今天的 95 后、00 后的年轻人，更在乎的是平台，是一种自由的组织氛围，金钱对他们来说无关紧要，因为“他们是独生子女，是互联网人”等等。这样一些缺乏大样本调研甚至全凭想象得出的书斋里的论述，是不靠谱的，至少与我们在对华为深入观察之后得出的结论完全不同。而在这一点上，任正非的认知是极具穿透力的。

10 多年前，我和华为一位高管讨论过一个话题：80 后这一代独生子女和互联网人，他们是否还会认同华为的奋斗文化？我们都认为这将对华为的未来构成巨大挑战。当我们将此担忧告诉任正非时，他的回答是：杞人忧天！难道 80 后就不吃饭？ 10 多年过去了，80 后甚至 90 后都已成长为华为各组织体系的奋斗者和顶梁柱。事实证明任正非是对的。

人类数万年的进化累积的确是巨大的，但最根本的人性欲望基本上没多大变化。大自然中无飞跃，一万年以前的人类追求物质的满足和精神的愉悦，追求权力和成就感，一万年之后亦然，只是外在表现形态不同罢了。我和华为负责校园招聘的一位主管交流时问她：现在的 95 后怎么看待金钱？她答道：第一要价高，第二很直接，过去 80 后、70 后谈待遇时很含蓄，经常有人会说“由公司定”，90 后、95 后很直接了当。

管理的主要功能在于发现和顺应普遍而恒定的人性原则。

当然，对于知识型劳动者来说，加入华为，还有对事业平台的平行诉求。20 多年前，甚至 10 多年前，华为要想从北大、清华这些国内一流大学招纳一流的大学毕业生是很困难的，因为在他们眼中，华为既无外企的世界级影响力，又无国企的强大资源，那为什么要选择华为？所以华为早期的人才观是要拥抱那些“一贫如洗，胸怀大志”

的年轻人，“一贫如洗”者对财富有强饥渴，“胸怀大志”者更愿意与创始人一起打天下，共同做大平台。

进入2015年之后，据我看到的数据，国内一流大学许多毕业生的职业第一选择是华为，华为近些年也从一些全球顶尖的高校吸纳了许多优秀人才。同时，华为19万名员工中有4万多名外籍员工，他们大多是高端的科学家、技术专家和其他方面的专才，这说明华为的事业平台具备了对一流人才的世界级吸引力。

知识型劳动者换个说法，也可以称之为“复杂型劳动者”。大学教育既赋予了他们能力要素，也塑造了他们的独立人格和自由精神以及对秩序的警惕与反叛，同时让他们发育和发酵出了一种追求成长的雄心或者野心，一种要“改变一点什么”的掌控欲、成就感，以及获得每一步成功之后的荣誉感。这就是我们勾勒出的“知识型劳动者欲望结构图”的第二层级：权力+荣耀感。

最上面一层是使命感。组织领袖们当然希望组织中的每一分子都能拥有使命精神，但事实上这很难做到。这不过是一个完美组织的理想诉求，问题是哪儿有完美的组织？哪儿有完美的人，更何况完美的一群人？但我们不能因此而不作为、低作为。

卓越组织的一个重要标志是：它的领袖是使命主义者，高管团队是由一群富有使命意识的个体组成的，组织从上到下的各层级人群中，也都活跃着一批拥有使命精神的主管、普通员工。这样的使命氛围很大程度上既源于个体的自我能量，更源于组织的牵引与激发。即使是一流大学培养出的一流知识分子，有些人在进入社会之后，在赚到钱、拥有权力的同时也会拥有使命感；但是，相当多的人变成了物质主义者、权力主义者和精致的现实主义者，时间越久，他们身上理想、使命的色彩就越淡。从这一层面上讲，组织平台与组织文化显得尤其重要。蓬生麻中，不扶自直啊！

华为对不同层级员工的要求是：高级干部要有使命感，中层管理者要有危机感，基层员工要有饥饿感。这是一个基本的、机械式的区分，它并不排除、排斥中基层管理者和员工拥有使命感，使命感当然是多多益善啊！但对不起，对高级干部的使命精神的要求是一个硬约束、硬条件。

传承与创新：华为的人力激励三要素

在对知识型劳动者多层次欲望诉求的感性加理性的认知基础上，华为摸着石头过河，形成了一系列的激励管理体系。

一、一套关于财富分配的创新激励体系

首先是员工普遍持股制。员工持股在全球企业中是很普遍的，但是华为的员工普遍持股制，在持股人员的数量上，应该是全球未上市公司中最多的。另外，华为的股权结构中没有任何外部资本，如风险投资，这是跟绝大多数全球大公司不同而独具特色的一点。也就是说，华为百分之百的股权中没有任何纯粹的“食利者”。它的出资人

同时也是劳动者，每一位股东都是“双栖人”——资本人+劳动者。这些年，随着一些老员工持股退休，华为的股东中也出现了部分纯粹“食利者”，但他们无一例外地都曾经是华为的员工，他们手中的股权是通过自己过去的“双付出”——劳动付出+货币付出而获得的，并非仅仅支付了货币。

但我们也要看到，华为也并没有做到“工者有其股”，受限于中国的《公司法》和华为关于股东资格的一些要求，外籍员工和部分新员工并不可以拥有华为股权。截至2018年年底，18万名员工中约有9万人是华为股东，同时相当一批股东由于入职时间短、职级低等因素，持股数也比较少，他们的收入来源主要是工资、奖金和福利。

30多年来，华为始终奉行着偏于激进的薪酬激励政策。这既是被逼出来的一种选择，也和创始人的个人经历、理想、价值观有很大关系。通信行业是一个典型的技术密集、人才密集、资本密集、管理密集的行业，任正非在创业的早中期曾经不止一次地后悔过。但既然误闯进来了，就得一条道走到黑，直到走到光明处。这就是任正非的个性，养猪也要成为养猪状元，做通信当然也要做到“世界级”。怎样才能达到世界级？技术、资本、管理固然都很重要，但更重要的是人，人是一切的“牛鼻子”。

怎么发现人，怎么培养人，怎么使用人，虽然也都很重要，但最基础、最简单的一条首先是给人定高价，给人的大脑定高价、溢价定高价。我与华为打了20多年的交道，印象最深的一点是：华为几乎每年都给员工普遍加薪，早期的前 8 年左右，许多员工一年会被加薪好几次，曾经主导华为第一台程控交换机 C&C08-2000 研发的华为前高管曹贻安说，他主管的一个研发部门的员工，大部分人一年被加薪 12 次，也就是说平均一个月加薪一次。

2020 年春节过后不久，任正非对 2012 实验室的专家们说，什么叫成功？工资没降就成功了，涨了就更成功了。

过去 30 多年，华为劳动者与股东的平均年收益之比为 3∶1，华为长期以 3∶1 的基准调节劳动者与股东的动态收益。

不仅如此，华为的物质激励也延展到了“民兵组织”。几年前，华为就出台了一项举措，即承建华为工程建设的施工公司晚上加班的民工，每个人都和华为加班员工一样，可以领到一份打包的夜餐。2020 年春节期间，深圳总部有几万人在加班，餐厅供应一切照常，为了补贴疫情导致的物价上涨，华为按原来价格的 3 倍支付给外包餐饮公司，并且给其他提供后勤保障支持的“民兵”每人每天补助 1000 元。

财富激励机制是企业对人的元激励，对应的是每一位劳动者的基础诉求：物质欲望。

人类东西方历史、东西方管理永远面对的挑战是：怎么创造财富，怎么分配财富。创富不易，分配更难，分配问题解决得不好，小则影响团队士气、个体士气，大则带来组织的分裂。我将这称作“海盗机制”。一群海盗冒险去海上抢银子，抢到了白花花的银子后，马上面临的问题是：怎么分？谁拿大头谁拿小头？论功“分赃”还是平均分配？或者依老大的喜好进行“分赃”？“公平分赃”是一种说法，但什么是一个商业组织的公平观？当然只能是奋斗者、贡献者多劳多得啊！接下来的一点也很重要：就地分赃。这在管理学上叫即时激励。号召员工们多打粮食，打完粮食后分新粮，让大家可以充分、及时地分享发展成果，而延迟分配不仅会降低激励效应，甚至会产生负效应。10 年前，华为一位高管对我讲，华为能有今天，就是任老板分赃分得好，敢分，分得公道，分得及时。

二、一套关于权力分配的开放激励体系

德鲁克曾讲过，过去 100 多年的管理学主要针对的是非知识型劳动者，将非知识型劳动者的工作效率提高了若干倍。但在知识型劳动者的管理方面，管理学尚没有形成一套可供借鉴的理论与操作体系。假使德鲁克还活着，他应该到华为看一看，和任正非进行面对面的交流。华为不仅是世界 500 强中的一家来自中国的高科技企业，而且支撑它奇迹般崛起的背后有 19 万名员工，这些员工的主体是拥有全球 165 种国籍的中高级知识分子。华为将他们的个人能量和创造性最大程度地激发出来，同时又将他们凝聚成一个极富竞争力的超大型团队。很显然，华为的高层领导群体能够从传统管理学理论和方法中汲取的营养是有限的。他们必须在“盲区”进行许多积极的探索和创新。这些探索和创新既包括一套独特的财富激励机制，也包括一套权力的分配机制。

“知识型劳动者欲望结构图”的第二层级是“权力 + 荣耀感”。尽管在一个组织体中，非知识型劳动者也有关于权力的诉求，但相较于知识型劳动者而言，后者的掌控欲、权力欲，无论从广度还是从强度上看，都远超前者。某种意义上，大学不仅是传授知识的殿堂，更主要的功能是另两个方面：助力个人建构思维架构和助长个体雄心的扩张。前者是将知识转化为能力的技能素质，后者是驾驭能力的非技能素质，包括意愿、期待值、领导力等。用一位企业家直白点的说法就是，知识型劳动者是一群有能力、有野心的特殊人，他们天然地对权力有热情、有偏好。

华为是如何满足、分配、驾驭、平衡知识型劳动者的权力诉求的，是一个很值得研究的权力管理的经典案例。

首先是充分地释放和开放权力。在我访谈华为一些老员工时，他们讲“老板有一点想得很清楚：这些人不仅是为钱来的，也是为权而来”。因此华为构建了一个充分释放和开放权力的企业文化。什么叫充分释放？任正非从一开始就把人权、财权、事权分解给了不同的人，分配给了那些刚进华为不久的年轻人，这是非常不可思议的。如果说在今天，任正非不直接拥有人权、财权、经营权还可以理解，是因为华为的决策和制衡机制相对成熟和体系化了，早期华为的管理制度既很粗糙也很脆弱，为什么任正非还要充分释权、放权？答案只能是：满足青年知识分子的权力感和成就欲，同时众人拾柴火焰高。

华为曾经的二把手郑宝用对我说：“当年我的权力很大，我想让谁进来谁就进来了，今天常务董事会的不少高管都是我那时招聘进来的，这是人权。财权也很大，我说给谁多少工资就给多少，有时向任总报告下，老板基本上都说好，就这么定了。事权更大，我管研发，上什么项目我说了算，投多少钱也是我说了算。当然下面的人上什么项目我也都支持，人他自己找，我没人，只管给钱。”

郑宝用进入华为的第二年就被提拔为常务副总裁，那时他年仅27岁，华为当时的高管年龄大多在30岁以下。

充分释放权力还体现在任正非的另一大创造上：降低权力的稀缺性。20多年前初识华为，经常碰到华为人给我递名片：华为公司副总裁或华为公司××部副总裁，一年左右拿到的有副总裁头衔的名片几十个，搞得我晕头晕脑。时间久了，我才知道这既是为了见客户的需求，也是为了提升员工的成就感。几年前，我曾问过华为几位资深管理者，公司有副总裁头衔的人到底有多少？一位说：“不清楚，应该有上千人吧？”也有人甚至说最少有四五千人。

2015年前后，任正非在多个场合论将军：为什么不能有少将连长、中将营长呢？从东莞买些黄豆豆，就是少将、中将；豆瓣酱、辣椒酱、芝麻酱，多弄几个纽扣不就多几个将军？总干部部不要太抠门！

有人担心，这会不会带来权力的“通货膨胀”？30多年的实践证明，这样的担心是多余的。任正非要的是到处将星闪耀，英雄倍出、人才倍出，而不是“辈出”啊！

与充分释放和开放权力相反的一面是什么？权力的私有和垄断。

我们许多民营企业的创始人认为公司是自己创办的，所以理所当然地对权力拥有绝对的垄断和控制，从而在权力的分配、授予、管治等方面普遍趋于封闭和保守。这样的结果只能是庸才扎堆、能臣猛将寥若晨星，何谈企业的扩张与健康发展？

我经常给一些企业家讲，华为从上到下的权力走廊上将星云集，接班者云集，概源于任正非的权力观。权力因组织而产生，权力归属于组织，权力服务于组织。

权力开放的另一面是权力试错，也就是说要鼓励管理者敢于运用权力，善于在战争中学会管理。华为一位中层管理者对我说，坐在第一排的那些人包括老板曾经都犯过很多错误，正是因为犯错和允许犯错，他们才成长起来了。

这其实也是任正非的观点。近些年，随着华为的人力资源管理越来越走向规范化，教条主义和烦琐哲学也越来越盛行，阻碍和压抑了员工自主精神和创造能力的发挥。因此，从 2015 年开始，常务董事会就决定要破格提拔一批干部，这几年，每年都有几千名的基层员工和主管被破格提拔两三级，个别特别突出的一年被提了 4 级。用任正非形象的说法就是，山脚下听到枪炮响尿了裤子，冲上山顶了就是英雄，第一个冲上上甘岭的就可以当连长，当团长……

三、一套关于荣誉与使命的传统 + 创新的激励体系

关于华为荣誉与使命激励的动机、方法论和一些具体案例，我在《精神激励：一种虚拟的价值符号》《同理心：领导者的核心心理品

质》和《华为，企业文化的胜利》以及“英雄三部曲”等里面都有论述，这里重点讨论以下三点：

一是为组织构造意义。前面说了，知识型劳动者是“复杂型劳动者”，这种复杂也体现在一种“形而上”的追求：白马非马。“白马非马”是古代哲学家公孙龙的逻辑命题，我们可以把这一貌似诡辩的“逻辑坑”做个引申，就是它所包含的更为深刻的内涵——给物性的东西赋予文化符号和精神的意义。白马当然非马，因为白马是有色彩的。此石非石，因为它是钻石，坚硬又晶莹纯粹，所以它代表着爱与忠诚。那么华为是什么？造设备的？卖设备的？既是又不是，华为造的是“实现顾客梦想”的使命，卖的是“万物互联”的人类理想。

一切追求卓越的人和组织无不生存在自我设计、他人设计的意义结构中。所以，他、他们才能生命不息、奋斗不止，才能发自本心地、几十年如一日地、全身心地投入到一件重复的事情上。对他或他们来说，“事”成了“事业”，具备了崇高性，乃至神圣性。

任正非从华为创立之初就很充分地释放权力和开放权力，那么他最关注的点是什么？一个是“肚子”，一个是“脑子”。“肚子饱了不想家”，所以包括员工食堂等后勤保障体系，他这30多年来一直盯得很紧。最近的一次盯着“肚子”的事情发生在2020年3月，任正非主持召开海外小微国家基础服务保障改善方案报告会，明确提出小微、艰苦、高危国家的工作生活标准要高于大国的标准，“达到瑞士富人的生活标准，必须自建一些服务设施，允许有花园、室内或室外体育设施、小影院、咖啡室、多功能厅……工作环境也要大幅提高到欧洲标准”，“无论艰苦或非艰苦，所有国家都可以建食堂，配厨师，让大家聚焦工作”，“员工吃饭的补助不够，员工天天抱怨吃不饱、吃不好，更别说吃出战斗力了。伙食补助不发到个人，全部发到餐厅，让大家吃饱吃好”。我印象中，这么多年，他到世界各地的华为代表处，讲得最多的话题之一就是员工食堂、咖啡馆、员工住宿、办公环境这类问题，常务董事会就此也多次发过文件。

任正非明确说，有人说“一人一厨一狗”代表华为精神，但那是不提倡的。我们的艰苦奋斗是指思想上的，并非身体上的，人人都应该享受奋斗的快乐。

有一年，我们从戴高乐机场驱车 3 个多小时参访诺曼底，中午在盟军正面登陆的海边咖啡馆，面对大海喝咖啡，他突然冒了一句：“280 万人，光手纸不知要准备多少，打仗打的是粮草！”

“脑子”是什么？思想建设。对企业来说，所谓思想建设就是构建一个意义体系，一个富有宏大张力的使命，一个令人血脉偾张的愿景，一个与之匹配的价值观。价值观本质上是一种工作伦理。从这一层面进行穿透分析后看华为，你才能发现华为崛起的底层逻辑，也才能大致明白任正非成功管理十几万知识型劳动者的所谓文化密码。

反过来说，十几万中高端知识精英，作为个体之所以富有强烈的奋斗精神，作为群体之所以长期具有强大的战斗力和凝聚力，不仅仅是因为华为把钱、权、名分好了，并行重要的还有使命驱动、荣誉驱动、理想驱动、意义驱动。当然，财富—权力—荣耀—使命必须是链状的，是一个统一体，缺了任何一环都会出问题。

二是使命与荣誉激励要贯穿于组织的始与终。有一种说法是：企业创立之初大多是因利益而起，因财、因权而聚众人，谈不上构建意义，也无暇和无力为组织构造使命和愿景，活下来尚且不易呢！的确，中国大多数的民营企业家是这么想，也大致是这样一路走过来的。金钱与权力驱动是他们聚拢人才、激励人才的两大工具，很直接也很物质主义，在企业发展早中期也的确很有效。“给你钱，给你更多的钱；给你股票，给你更多的股票”，这样的单一激励原则支配的组织是难以长存的，在这样的原则下聚集的人在走到一定阶段时，就会遭遇自我和组织在动机、动力方面的精神困境：自我持续赚钱的目的是什么？组织持续扩张的意义是什么？如果这个环扣解不开，企业家就很容易滋生一种物质满足之后的迷茫与倦怠，组织的上上下下也会出现普遍的“管理者疲劳症”“员工疲劳症”。进入这种状态的组织，基本上只有两条路：一是慢慢地或者剧烈地走向衰败，二是进行外科手术式的、伤筋动骨的激烈变革，通过人的大换血（组织变革）和重构组织意义（文化变革）实现组织的再生，但代价太大，变革成功的概率也相对低。

任正非在与媒体交流时，有时会呈现出两种不同的话语体系，比如有记者问他在创业初期是否会想象到今天的发展，他的回答是：创业是生存所迫，是为了活下来。有学者和企业家因此而认为，任正非和华为在早期也不过是一家由生存驱动的公司。这样的认知并没错，但它忽略了任正非在别的访谈中对同一提问的回答：我们是有理想的。这说明华为从一开始就是一家由使命和理想驱动的公司。

这两种来自创始人的回答到底哪一个更符合实际？依我通过对华为老员工们的访谈得出的结论，我认为这两种回答都很客观，都揭示了基本事实的某一方面。这两套话语体系并行存在于华为从创立到成为世界级企业的全过程之中，而且相辅相成，相互促进。

我们从结果进行反推，也能对此结论予以肯定。华为 19 万员工中有将近 2000 人一出校门就进入华为，在华为奋斗了 20 年以上，而且大多数人在这 20 多年中几乎每天都处在饱和奋斗的状态。如果说早中期他们的奋斗是由物质与权力的强大饥饿感所驱使，但在通过个人奋斗已经获得不菲的财富积累、身居高位时，他们为什么还要像永动机一样持续地奋斗？这恐怕不仅是责任驱动那么简单了，背后无疑有一种奇妙的、无法量化和描述的特殊动力。他们从早期的“物质人 + 使命人”逐渐成功转化为“使命人 + 物质人”，精神追求、意义追求已经成为他们的主要奋斗动力，乃至于固化成为一种本能性动力。当然，这也是通过几十年的大浪淘沙筛洗出的一群“使命人”，而且这个大浪淘沙、吐故纳新的过程还会反复进行。

有一年我们去津巴布韦，入住在赞比亚河河边的一家老派的欧式酒店，任正非带着我们一行人去观赏维多利亚大瀑布，并特别将我们带到苏格兰传教士、探险家戴维·利文斯顿的雕像前。160 年前，正是这个人，一个虔诚的基督徒，一个怀有使命精神的冒险家，“发现”了这片壮丽的瀑布群，于是将它命名为维多利亚大瀑布，将它献给英国女王。利文斯顿年轻时就多次深入非洲丛林传教与探险，长达34年，并最终死于大瀑布附近的一个小镇。任正非在多次与客户、来访的西方学者、记者们的交流中都提到利文斯顿和当年的非洲传教士们，这传达出的信息非常明确：冒险与奋斗的背后无不有一种精神力量。

而事实上，在这个世界上最蛮荒的地方，在战乱国家和地震、海啸发生的时候，以及极寒与极热的地带，可以说有人的地方就有华为人的身影，就有一批又一批年轻而艰苦奋斗的中国人，今天他们大多是华为的新生代，85后、90后、95后……

我在给创业者们讲课时，会和他们一起观看4部电影：《阿甘正传》《血战钢锯岭》《肖申克的救赎》和《少年派的奇幻漂流》，这4部影片堪称经典的管理学辅助教材，它们共同的一条主线就是信仰的力量、信念的力量、精神的自向激励和它向激励。我在和一些西方学者讨论华为现象时，也谈到从《清教徒的礼物》这本书的视角研究华为，也许是一个最合适、最简明的切入角度。

剥开宗教的神秘面纱，从人性管理的方面进行理性解析，你会发现，华为文化的确与清教精神有着惊人的相似与重合。

三是向中外军队学习荣誉与使命激励的“道”与“术”。军队是与死亡对抗的组织，因此它最能彰显人性，最能放大个体与群体的素质极限，也对指挥者的领导能力最具挑战性。比如，一个很直白的话题是：战场上，士兵们为什么愿意付出鲜血乃至生命的代价？恐怕单纯用金钱、晋升这些显性的、物质化的激励进行诠释是苍白的。

任正非喜欢读中外战史、战例，华为的许多高中层管理者受其影响也都是军事史迷，我本人也读了不少中共军史、欧洲战争史和美军史。我的一个深刻感悟是，伟大的军队组织无不有着一种强烈的责任意识、浓烈的荣誉感和国家使命精神。西点军校的校训是“责任 · 荣誉 · 国家”，抗大的校训是“坚定正确的政治方向，艰苦朴素的工作作风，灵活机动的战略战术”，黄埔军校大门有一副孙中山撰写的对联：升官发财请往他处，贪生怕死勿入斯门。很显然，这些校训、对联都是一种意义构造，它对塑造一个士兵、士官的灵魂的作用是巨大的，对塑造一支军队的英雄主义文化是至为重要的。

困扰：价值分配的公正性

前面讲了华为针对人的激励的三套体系：一套关于财富分配的创新激励体系，一套关于权力分配的传统 + 创新的激励体系，一套关于荣誉激励的传统 + 创新的体系。我们用个不甚恰当的词汇——“馅饼”，那么，它们就是三块馅饼——经济馅饼、“政治”馅饼和社会心理馅饼。

但是其中的困扰是什么？首先是造馅饼，怎么造？谁去造？造多大？为谁造？其次是如何分馅饼，如何为馅饼定性和定量？如何为造馅饼者定性和定量？定性、定量的标准又是什么？还有，谁来分馅饼？老板和各级主管吗？再有，何时分？总量分多少？三种馅饼怎么搭配着分？等等，这些既是宏观的价值观问题，也是微观的操作性问题。它们挑战人性，也挑战组织的文化与制度，更挑战领导者的胸怀与格局。

第5讲

理念·制度·人
（上篇）

关于理念：软性管理的符号系统

华为的理念架构：核心价值观及其外延

华为的理念架构包含核心价值观及其外延，是华为企业文化的本质所在。核心价值观是三句话：以客户为中心、以奋斗者为本、长期艰苦奋斗。但是华为也有很多响亮的文化口号，比如“让听得见炮声的人呼唤炮火”“上甘岭上出将军”“烧不死的鸟是凤凰”等，它们都是环绕着核心价值观形成的，或者说是核心价值观的外延。

那么，华为核心价值观的理论基点是什么？我在和乌耀中老师第一次讨论的时候就谈到这个话题。严格意义上讲它是一个经济学命题，也是一个社会学命题，即“个体价值的实现更符合多数人的理性计算”。亚当·斯密在《国富论》里论述得非常清晰，尽管有点偏颇和极端化，比如对人的道德情操、理想主义的忽视（然而亚当·斯密也著述过《道德情操论》一书。伦理学教授与经济学教授并存于一身，貌似撕裂，但其中存在着统一的逻辑），但从普遍人性的角度看，他的

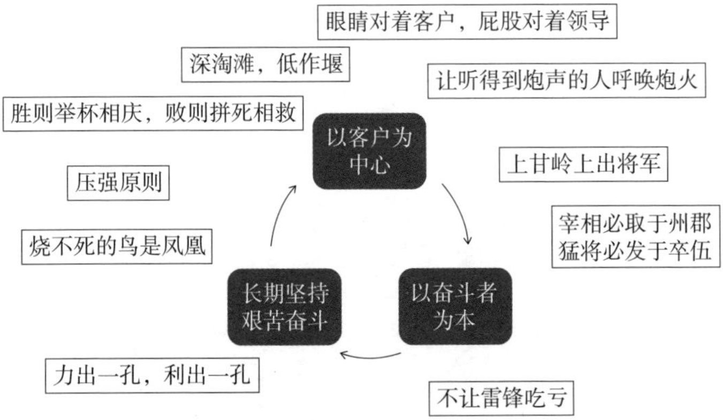

图 2 核心价值观及其外延

论述是客观的、精辟的。

中国的改革开放发展到今天，重要的是我们承认了人的欲望的合理性，承认了人对财富追求的正当性，并进而通过体制改革给了十几亿中国人欲望释放的空间。当然，中国社会今天存在的诸多问题也无疑是由人的欲望的无边释放、非理性释放、失控释放带来的，这是另一个层面的问题。40 多年的发展成就和问题告诉我们，我们在承认、肯定并激励人的欲望释放的同时，需要构建法治的防线和道德伦理的底线。

当今我们这个时代最糟糕的地方，就是缺乏敬畏，缺乏对法律的敬畏和对良知的敬畏。

市场经济有两大基石：道德伦理精神和法治，前者约束人的良知，后者管控人的行为。在坚固而高大的道德伦理堤坝和法治堤坝内，河道必须宽阔，人性的欲望在双约束的河道内自由流淌，个体的自主性、创造性在自我欲望的驱动下尽情施展，这大概是比较理想的企业制度的设计效果。

华为能发展到今天，也遵循了同样的逻辑。但对一家企业来说，这种理性计算至少还要包括两个方面：第一是客户的理性计算，第二是员工的理性计算。

有一次我在湖畔大学讲课，有学员问华为手机的价格能不能低一点，我说手机价格高了，客户会抛弃它，但客户愿意买它，是因为基于购买者的理性计算，感觉划得来就买了。客户的理性计算，制衡了企业的产品定价体系，进而决定了企业的研发投入，决定了企业的人力资源的投入等。

华为一位高管在某次会议上说："三星是流氓，随便涨价。"任正非说："你也可以涨嘛！"对方说："我涨不了啊！"任正非笑答："那是，你连做流氓的资格都没有。三星的科研战略和高投入很值得我们学习。"

三星敢于反周期朝基础研究砸钱的做法，是其拥有产品定价权和世界领先地位的一大法宝，很值得华为和中国企业借鉴和效仿。

"物美价廉"这样的说法不靠谱，原因很简单，"物美"的前提必然是高投入，研发创新的高投入、产品质量的高投入、优质服务的高投入，尤其是对人才的高投入。高投入产出高质量的产品，高质量的产品必然有相对高的价格，购买者有相对高的消费体验。这里一个关键的问题是：高价格带来的毛利归谁？大头进了谁的口袋？华为每年的研发投入大约是净利润的 2 倍，员工的年平均收入之和与股东分红的比例是 3∶1，华为长期对高利润保持警惕，年净利润率基本上保持在 8% 上下。常务董事会过去 5 年中几次因为一季度或者上半年利润偏高，而被任正非一再批评（2019 年上半年，华为净利润率达到 8.7%，常务董事会为此写了书面检讨）。

高利润使得股东短期获益，却影响了公司面向未来的战略投入，相对应的也损害了客户和股东的长期收益。很明显，华为产品高价盈余的部分，大部分回流到了面向客户需求（显性和隐性需求）的再投入，而不是进了股东的腰包。正因此，客户愿意为价格相对较高的优质产品买单。这就是消费者的理性计算。

这里又涉及员工的理性计算。老板带着大家把企业做起来了，每年的利润也非常高，但却无意愿与员工共享企业发展的成果，结果会是什么？老板是贪婪的，员工同样是贪婪的，二者在进行无声或有声的理性计算的博弈。如果任正非不能敏锐感知员工的理性计算，尤其是十几万知识型劳动者的理性计算，恐怕想凝聚 19 万名知识分子一起长期合作、长期奋斗比登天还难。19 万名知识型劳动者以实际的、长期的脑力或体力的创造性付出推动华为不断走向强大，这背后有一个冷峻的计算公式，即每个个体对自身性价比的现实比较和感受。

在中国企业中，华为是最早自觉为人的大脑进行“称重”并定高价的，30 多年来也一直奉行着这样的高价逻辑。华为的高层领导群体很清醒，华为对人的定价逻辑从来都是在一个全球定价体系中运行的，如果你的定价保守了，人才就如水一般流向了别人的田，只有长期实施激进的、高出对手们的人力价格政策，才能既实现对领先者的追赶，并在成为领先者之后持续保持领先者地位。

基于对人性特质的朴素和理性的认知，华为形成了自己的价值观，这种价值观有两个重要基点：左翼是为客户，客户是价值创造的唯一源泉。客户的理性计算是多方面的：第一，好的技术；第二，好的产品；第三，好的服务；第四，合适的价格。客户愿意持续购买华为的产品，是在技术、产品、服务、价格 4 个方面理性计算的基础上，做出的一种选择和取舍。反过来，华为的价值观和在价值观支配下的组织行为、个体行为都必须紧紧地围绕客户展开。价值观的右翼是需要驱动十几万名知识分子，让他们围绕唯一的源泉——客户去创造价值，那么组织就必须承认，劳动者是价值创造的根本动力和长期动力，所以，也就必然地要“以奋斗者为本”。

企业价值观本质上是企业家的价值观

华为的核心价值观不是创始人一拍脑袋就形成了。尽管我们说任正非有很强的架构思维、建模思维，但作为一种指导 19 万名员工持续奋斗的工作伦理，它必须经过长期的观念与实践的反复磨合、管理者与被管理者的反复磨合才能最终淬炼出来。时间是价值观能否立得住、行得通的试金石。

只有被时间和普遍人性共同证明了的理念才可能为组织的多数人所悦纳。

企业文化、价值观无不烙有创始人的人格影子。某种意义上可以说，企业文化就是企业家文化，企业价值观就是企业家的价值观。华为前董事长孙亚芳刚加入华为的时候，印象最深刻的就是老板是天生的“客户胚子”。30 年前，深圳经常断水断电，任正非从机场开车接客户到酒店，车一停先帮客户拿行李，进房间后先打开空调看看有没有问题，接着到洗手间打开水龙头看看是否有热水。他做这些事做得很自然，一点没有勉强的意思。

当然，他对客户如此，对周围的人也同样如此，比如经常自己驾车去接某个朋友或者来访者。我在 20 多年间无数次享受过这样的“待遇”。最近令我感动的一件事是，12 月，深圳的冬天，任正非和包括我在内的几人一起在户外喝茶，中间我去了趟洗手间，回来时发现，我的座椅被换到了靠近室外火炉的位置，他知道我腿受伤了怕寒。类似的细节关怀的例子非常多，许多人都能举出一大把，别人很感动，但在他看则完全发乎于一种习惯、一种本能。而这种人格化特质自然也会投射到华为的组织品格中，这种品格就是任正非创业早期反复对那些年轻的知识分子们讲的：你们要对客户好，客户好华为就好，华为好你们就好。

这是一种朴素的认知——唯有客户傻傻地冒险购买你的无品牌的产品，你才能活下来，只有客户持续扩大购买你的产品，你才能继续活下去并活得越来越好，并成为在消费者心目中叫得响的品牌。但对不起，客户也是在一个全球产品比较系统中做品质与价格的多元选择的。所以，早期的华为，技术能力弱、产品质量差，只能靠低价和优质服务（售后服务、即时维修）获得客户，服务创新和产品的差异化创新是华为早期成长的两大法宝。

华为的"以客户为中心"的价值观是被生存法则倒逼出来的，慢慢地，这种生存常识就转化成了真理。这种转化体现在创业 8 年后华为初次进行的顶层设计，即《华为基本法》上。《华为基本法》明确界定了华为是依赖客户才能活下来的组织，这是非常重要的定位。

通观《华为基本法》，虽然可以从中看到今天华为核心价值观的影子，三句话以不同的表述方式散见于不同的章节，但第一章开宗明义的"核心价值观"部分，则显得包罗万象，过于冗杂，包含了追求、员工、技术、精神、利益、文化、社会责任等 7 个段落、上千字的内容。很显然，它超出了价值观的范畴。

价值观本质上讲的是组织之"道"，是"心经"（博大精深的佛教经典《心经》可以说是浓缩的佛教价值观，仅 260 个字），而且它必须简明至极、简洁至极才行。

严格地说，《华为基本法》并没有"形而上"地为华为设计一个让 19 万名员工记得住、愿意记、乐意践行的核心价值观。这也说明企业构建价值观的过程有多么不容易，它是一个系统的、长期的思想工程。

2000 年之前很长时间，也包括之后有几年，华为也非正式地采用过一个初级价值观，叫作“产品好、服务好、价格低，优先满足客户需求”。但这个价值观只讲了客户，只讲了来自客户的“价值实现的理性计算”。客户当然希望产品好、服务好，还要价格低，对华为来说，这却是一种无奈的价值选择——在你的品牌和管理还处于低水平时，尽管你的产品是二流或一流的，服务是一流的，客户仍然不愿为较高的价格买单。同时你本身在激烈竞争的国际市场上也不具有对产品的定价权。另一方面，这也反映出华为对组织价值观的认知还处于摸索阶段，只是摸到了“上帝”这只脚，但让谁去为“上帝”造鞋、穿鞋、系鞋带呢？华为在管理实践中尽管做了，也做对了，但还没有上升到观念层面，没有从观念体系上打通“上帝”和“仆人”的因果链、逻辑链。

2010 年，华为的核心价值观经过 23 年漫长的顶层设计和“摸石头过河”，终于定型成 4 句话：以客户为中心，以奋斗者为本，长期艰苦奋斗，坚持自我批判。这 24 个字是集体智慧的产物，但无疑也打上了更多任正非的思想烙印，一是他的强烈的生存意识，二是他对人性的深刻洞察，三是他的奉献精神，四是他的理想主义气质。还有一点至为重要，就是我们前面所讲的，他对建构“上层建筑”的发自本能的兴趣和意愿，以及实验精神。

2018 年年底公布和讨论的《华为人力资源管理纲要 2.0 总纲（公开讨论稿）》文件中，核心价值观又去掉了“坚持自我批判”这一句，我认为这样做是正确的。价值观是“道”，自我批判是工具，是维护、捍卫核心价值观的“护法宝器”，把它从价值观中剥离出来，可以使价值观更具价值色彩，使自我批判更具工具色彩。

其实早在 1998 年，任正非就提出在华为新基地的总部门口勒石铭文：一个企业长治久安的基础是接班人承认公司的核心价值观，并具有自我批判的能力。很显然，他是将价值观与自我批判分开表述的。

华为核心价值观，每句话都是常识

华为的理念即核心价值观，每一句话拆开看都是常识，任正非并没有任何的创造和创新。很显然，在这样的永恒的常识面前，常识就是真理，对常识的颠覆就是对真理的否定，任何另起炉灶的创新都是不必要的、有害的。

显而易见，作为一个商业组织，不以客户为中心，谁会掏钱买你的产品？政府？社区？员工？家人？媒体？都不会。政府期待你缴税甚至多缴税，还要缴纳各种各样的费用，还要带动就业，社区希望你提供赞助，员工盼着加薪和改善福利，家人等着员工拿钱回来消费，媒体一会儿表扬你一会儿棒打你……唯有客户能让企业活下来，长期活下来并活得更好。

这是一个无须思考就能得出的结论。但是，令人奇怪的是，为什么在许多企业，大多数企业家的观念和行为是含混的、模糊的？比如说过去几十年，不少民营企业家热衷于跑官场、无心于或不能聚精会神地盯市场；再比如，许多企业盛行以老板为中心，老板也醉心于员工尤其是高管成天围着自己转；老板们又大都围着官员转、股东转、资本转，而客户在他们看来不仅不是企业存在的唯一理由，甚至被排到了受重视程度的第三、第四位、末位。

华为的崛起有一条铁铸的准则，就是无论是前方或后方、市场或研发组织，其全部活动都必须直接或间接地始终围绕客户的显性需求、隐性需求而展开。华为 30 多年的成长史，某种程度上讲，也是持续不断地与背离“以客户为中心”的观念和行为进行斗争及纠偏的历史。

是客户让华为活了下来、活得有力量、活成了全球通信行业举足轻重的技术和产品的领跑者之一，华为还有什么理由不坚持这一神圣的商业常识、商业真理呢？

第二句“以奋斗者为本”也是商业组织的常识，但相对来说，讨论起来比较复杂。首先一点是，“以人为本”还是“以奋斗者为本”？企业是价值创造的组织，与其他组织的一个根本不同点是：企业家们需要对资本、人才等生产要素进行有效组合。这其中最核心的是激发人的创造活力，通过对人力要素的撞击和激活资本要素（对科技型企业来说，土地要素并非核心要素）与市场要素，从而产生更多可以量化的真金白银。因此，人才是企业价值创造的长期和根本动力。

然而，这里的“人”是有特定内涵的，指的是人才，这是其一，“人才”前面还须有一个重要的定语：奋斗。人才是多类型的，科学家是发明人才，工程师是创新人才，技术工人是工匠人才，司机是驾车人才，服务员是服务人才，他们必须是合格的劳动者，所以他们都是人才。但不求进取者，不愿意奋斗的员工，在以价值创造为核心指向的商业组织中，则必定在淘汰之列。

奋斗者和创造者被重用，懈怠者被剔除，这应该是全球企业关于人力资源管理的通行法则。

企业不以奋斗者为本，就是对奋斗者的不公平，那么谁还会去奋斗、去持续奋斗呢？这样的话，企业的价值创造活动也就萎缩了、中止了，那么谁会去为社会缴纳更多的税费以支撑国家的“以人为本”呢？

国家是最大的价值分配组织，当然必须“以人为本”。企业是价值创造主体，当然必须“以奋斗者为本”。

其次，为什么不以资本为本，而以奋斗者为本？几年前我在微博上看到某资本达人针对华为的一段话：任何不以股东利益最大化为前提的企业行为都是耍流氓，因为股东投入了货币，承担了资本可能打水漂儿的风险。

这段话貌似有理，但它忽视了时空前提。一是股东利益最大化、资本利益最大化是资本短缺时代的产物。20 世纪 80 年代以来，源自华尔街的各类金融创新活动给世界带来的深刻变化是：资本的收益机制和避险机制越来越丰富、多元，而且更重要的是资本从供给短缺时代进入供给过剩时代。但是，由于大量的资本是在证券、债券市场内部进行套利空转，并未完全进入实体企业，所以就形成了一种畸形：一方面资本供给过剩，一方面实体经济钱荒。不过，总体上看，人类已经告别了资本短缺的时代。

二是随着信息技术尤其是互联网的普及，企业利用信息技术能力的普遍提升，这使得企业劳动者的结构也随之发生了质的改变，知识型劳动者大规模地进入职场，人的体力劳动正在大幅度地让位于脑力劳动，这种现象发生在各类企业之中。

比如富士康，其员工 70% 左右是蓝领阶层，但它的生产方式则更多地依赖于自动化、信息化、智能化，所以其员工也必须是“蓝领知识阶层”。而在苹果、华为等科技型企业中，企业的所谓核心资产排在首位的恐怕应该是人才、人的大脑以及人的创造性劳动所结晶出的专利、品牌等，而不是土地、房产等，后者是死的，激活和放大后者的仍然是人，是企业家对各类资源要素包括资本要素的整合。所以，企业家和企业中的各类人才，在今天这个时代显得前所未有的重要。

三是从风险的角度看，资本的确承担了有价、有形的风险，但企业家和企业中的人才同样承担了风险，不过这种风险是无价、无形的[智力 / 体力 ×（时间 + 空间）= 人才的价值]。资本与人才是一对风险共担体，也是利益共享体。在华为的企业理念中，资本作为长期投资者和长期获利者，要节制自己的过度贪婪和短期追求，劳动者作为企业发展的根本和长期动力，要先于和优于股东进行价值分配。这样的要素分配是具有创新性的经济学、管理学意义的探索，它对应的是过去 50 年来影响全球的经济学（以芝加哥经济学派为主流）、管理学（以哈佛商学院为主导）的代表性理念：资本利益最大化、股东利益最大化。华为谋求的是在客户、劳动者、资本三者之间的平衡和多赢。

华为 30 多年的实践历程也证明这条创新之路是走得通的，而且具有强大的生命力。华为从一家卑微的中国民营企业起步，创立 30 多年之后在 170 多个国家和地区为全球 1/3 以上的人口提供信息技术服务，这表明客户和消费者是广泛认可华为的，华为坚持“以客户为中心”的理念是正确的。华为从只有 3 个人的产品代理型企业起步，到 30 多年之后拥有 19 万名中高级知识型劳动者员工，外籍员工有 4 万多人，有数千位世界级水准的科学家、技术专家、管理专家、制造专家、财务专家、法律专家、后勤保障专家、建筑专家、公共关系专家等，而且绝大多数员工几十年、十多年来持续奋斗，这表明华为坚持“以奋斗者为本”的理念对全球高中端人才是有显著和持久的激励性和吸引力的；在过去的 30 多年，全球经济包括通信行业充满了动荡和起伏，华为却始终保持着良好的业绩增长，多数年份销售增长率在双位数，30 多年来净资产回报率平均高达 30% 以上，而且股东每年都有丰厚的分红。

这里面还要关注的一个方面是，华为没有任何外部财务股东，没有纯粹的“食利者”，它的股权归9万多名劳动者所有，也就是说，它的股东都是“双栖人”：劳动者+资本人。任正非将这种员工饱和（100%）持股制称为员工资本主义，也有学者定义为“知本主义”。

不能坚持长期奋斗的企业是没有未来的

华为30多年的成功来得非常坎坷，但它毕竟从“一无所有”的荒漠中崛起，并成长为世界500强排名第61位的企业（2019年数据），而且它今天和可见未来的技术、产品与市场的爆发力依然强劲，甚至更强劲。为什么？很简单，因为它始终遵循了前两个常识之外的第三条常识：长期艰苦奋斗。

不知从何时开始，“奋斗”这个词在中国的舆论场变得有点敏感，华为人的奋斗文化也常常被当作负面的靶子击打。我参加过一次由学者组织的小型餐会，很诧异于个别人理性精神的缺失。比如某著名大学的经济学者将华为定义为“血汗工厂”，将任正非定义为“冷血资本家”，我问他：“你去过华为吗？”他回答：“没去过。”我又问：“你知道华为有多少员工股东吗？知道任正非在华为的股份比例吗？”答：“没研究过。”我再问：“你每天读书、讲课、研究大体花费多长时间？”答：“总有10个小时以上吧，周末、假期都经常要参加各种活动。”我当场就笑了，其他人也笑了。我告诉在座的学者，如果说华为有资本家，那么持股1.14%的任正非和华为的9万多名员工股东都是

"资本家"，同时也都是劳动者、奋斗者。任正非在他创业的前 20 年中几乎每天都工作十六七个小时，近些年，作为一名 70 出头的老人，每年还要在空中飞行上百次左右，而且多数时候是去贫困、战乱中的国家看望员工、与最基层的员工交流。2008 年 9 月，巴基斯坦万豪酒店发生大爆炸，死了几百号人，那个时期每隔几天巴基斯坦都会有爆炸事件，任正非就提出要去巴基斯坦实地考察并看望员工，巴基斯坦代表处的代表易翔和公司其他领导都反对，结果任正非给易翔回复邮件："兄弟们能去的地方，我为什么不能去？谁阻挡，谁下课。任正非。"

华为员工的确很奋斗、很努力，就像这位学者一样，许多人经常每天工作 10 多个小时，但他们是被鞭子驱使下的被动劳动吗？他们可都是接受过良好教育的中高级知识分子，是曾经的清华人、剑桥人、北大人……知识分子天然地追求自由与独立，他们在进行脑力创造和体力付出的过程中，尽管也获得了与付出相对称的财富、权力的交换，但我们必须意识到，对从事商业价值创造活动的大多数知识分子来说，鞭子之下无交换。

如果没有一种使命驱使下的基于契约之上的交换机制，华为不可能拥有 19 万知识型劳动者的长期奋斗和众志成城。

我也向他们讲了易翔的一个小故事。2007 年 12 月 27 日晚上，易翔奔赴机场准备回国开会，在已经换了登机牌等候登机的间隙，从电视上看到巴基斯坦总理贝娜齐尔 · 布托遇刺身亡的消息，画面中整个巴基斯坦到处都是一片混乱。易翔的第一反应不是庆幸，而是马上退掉机票，返回驻地，第二天一早出现在办公室，“危难情况下，以身作则很重要，我回来就是要稳军心”。

在华为，类似易翔这样的高管、中基层主管和普通员工有很多。我向参加餐会的人士奉送上了我主编的两本书：《枪林弹雨中成长》和《厚积薄发》，前者讲的是华为市场员工奋斗的故事，后者讲的是华为研发人奋斗的故事，每一个故事都是员工的亲身经历，充满了血和泪的传奇，但也处处洋溢着强烈的乐观主义和理想主义气息。

20 年前，任正非向华为员工推荐过一篇文章：《不眠的硅谷》，该文讲述的是世界上“最强大脑”的“集散地”——硅谷的奋斗故事。这个占地 700 多平方公里的“苹果园”聚合了今天世界上最聪明的一批脑袋，其中包括 10 万个左右的华人，因此，它的人口的智力密度无疑是最高的。然而与“最强大脑”相匹配的是最强奋斗——科学家、工程师们每天 10 多个小时跨时区工作。凌晨一两点，办公楼灯火通明，停车场车停得满满的，办公室中不乏五颜六色的睡垫，而咖啡也许是硅谷销量最大的饮品—— 一杯咖啡吸收宇宙能量啊！

美国是当今世界最富裕的国家之一，但 200 多年来，美国人的奋斗与冒险精神却从未衰减过，这无疑和支撑这个国家的新教文化有很大关系。美国何时会衰落？富而骄、富而懈怠是判断其发展走向的一个重要指标。美国作为一个政治体，的确变得越来越自大和傲慢了，越来越极端自私了，但作为一个经济体，它并未出现明显的、普遍的腐化与懈怠，依然保持着强劲的进取性，“工作是进入上层社会的通行证”，200 多年无贵族、无贵族文化，越是精英分子越崇尚个人奋斗、群体奋斗，这是美国精神的核心密码。

过去 20 多年我多次去欧洲诸国考察，同时又读了若干本欧洲不同国家的历史书籍，深感文化和制度的变异于国家的兴衰史有多么重要。在佛罗伦萨，曾经有过一个无比显赫的家族——美第奇家族，它直接或间接地推动了欧洲的文艺复兴和宗教改革，诞生过金融家、政客、主教、教皇，赞助过科学巨匠与大艺术家，但却在维续了 300 多年的家族传奇之后走向灭绝。我在深夜的佛罗伦萨古街与学识渊博的导游讨论背后的原因，他说得很直白：“祖先们刀刃上讨生活，儿孙们酒池肉林中败家底，何止一个美第奇？你在欧洲到处都能看到辉煌的历史遗迹，也能到处看到落日余晖……”他讲着讲着就谈到了今日欧洲多国的福利主义：福利的确很好，可是能持续多久？谁去创造财富？人一旦养懒了，让他再去奋斗可能吗？

奋斗是华为文化的标签，以奋斗为荣是多数华为人的现实与精神追求，这是我最近距离观察华为 20 多年、访谈华为各层级和各体系几百位员工、阅读华为内部大量文献和大量员工文章之后得出的最切实的结论。我就此和华为一位学者型高管进行探讨，他的观点非常鲜明：不奋斗的华为没有今天，不长期奋斗的华为没有未来。个体奋斗了十几二十年，有些人倦怠了，可以带着部分股票退休，股票是公司对个人过往奋斗的肯定和持续回报；有些人使命感很强，“小车不倒尽管推”，但总有一天也会退出奋斗的舞台，但对于华为这个组织来说，它必须是一个长期奋斗的组织，在这个平台上的每一位劳动者或者“股东 + 劳动者”，只要还在岗在职，就必须是奋斗者。只有这样的奋斗文化代代传承，华为才能基业长青。

任正非对 2012 实验室的专家们曾讲道：“只要我们停下来一会儿，就会被世界抛弃。有些人干不动了，就换一批人上来。过去说 3 个月不努力会落后，现在是 3 秒钟。”

早期，华为的第一批奋斗者们经历了许多艰难困苦，他们背着交换机走乡穿镇，36 小时、48 小时不合眼地伏桌写代码，一个晚上接一个晚上在客户乡下的机房维修设备，历时七八天和藏民们翻山越岭将通信基站背上雪域高原，许多年轻的华为人在非洲患过疟疾，甚至有人一年得过 4 次疟疾，不少勇敢的华为人在战乱和地震、海啸等灾难发生时选择了坚守……正是这一批又一批的华为英雄成就了华为的快速成长。但随着华为的发展，各方面条件越来越好，许多艰苦地区代表处的办公与生活环境“像个大花园”，那么华为的奋斗文化又怎么展现？任正非在 2006 年就此提出：“我们讲的艰苦奋斗不但是指生活上的，更重要的是思想上的艰苦奋斗。”

奋斗在华为有了新的内涵：一是仍然要坚持生活上的艰苦奋斗，二是更要倡导一种奋斗精神，包括对奋斗的反面——懈怠和腐化的警惕。

夜读《圣经·旧约》的“撒母耳记”和“列王记”，大卫王是一位旷野中叱咤风云、南征北讨、纵横捭阖、身先士卒的英雄领袖，将以色列国快速地扩张成了空前强大的王国。而他的儿子所罗门则坐拥大好江山，大兴殿宇，生活富贵奢靡，且不断加重百姓的税赋和劳役。结果一代之后便繁华落幕，以色列国一分为二。

“人种的是什么，收的也是什么。”

核心价值观是华为 19 万名员工的工作伦理

前面我们讲了，华为核心价值观的三句话每一句都是常识，都已被人类文明史、组织兴衰史反复验证，因此也是真理，任正非和华为的领导层对此并无任何的创新。但将三句话无缝链接成一个闭环，却有着管理哲学上的创新性。深层次进行分析，它事实上表达的是一种“工作伦理观”和“奋斗伦理观”。这里我必须坦陈，我的这个研究受到了马克斯 · 韦伯的《新教伦理与资本主义精神》一书的诸多启示。

新教最重要的观念是对“劳动”一词的定义：劳动是人的天职。过去的人每天日出而作，日落而息，枯燥而沉闷，而现在则不同了，劳动被赋予意义，具有了精神内涵和神圣性。

劳动的目的是什么？应上帝的期许，建立富足、快乐的人间天国。这就赋予了劳动以世俗性和目的性：为大众、为社会创造价值。

新教的“劳动逻辑”推演到第三层：与懒惰相比，贪婪并不可怕。这一观念是对天主教的重大颠覆，它意味着对人性欲望的解放，对人追求财富、权力、成就感的正当性的肯定，也同时指出“懒惰是一种罪恶”。正是观念上的这一划时代突破，造就了美国的经济奇迹与科技奇迹，造就了美国的百年繁荣。硅谷现象正是这一观念支配下的现代缩影。

进一步推演到第四层：金钱的意义与财富的归属。企业家通过自我奋斗和对各类资源要素的整合，赚取和积累了金山银山，但却不能据为己有，因为他是在为上帝打工。所以第一，他必须遵奉上帝的旨意，将赚到的金钱持续投入到为大众谋幸福的创新、创造的滚动经营之中，而不能用于个人或家族的奢靡消费；第二，在他死后，他也不能将全部财产传承给子女，因为这会犯两重罪，一是贪污了上帝的钱，二是剥夺了子女劳动的天职。

勤奋而节俭，前者表达的是一种世俗的劳动观——拼命赚钱、赚更多的钱；后者表达的是一种道德观——拒绝浮华与奢靡。韦伯将此称为“世俗禁欲主义”。对一个合格的清教徒来说，金钱犹如“轻飘飘的斗篷”，随时可以将它甩掉，财富除了是实现人类理想的工具，别无意义。

这是一个充分闭环的价值逻辑链，是一种饱含人性激励、意义激励、物质激励的现代工作伦理。

那么，华为 19 万人的工作伦理到底是什么？如果不能从理性层面解读清楚这一问题，你一定会产生关于华为人的诸多疑惑：为什么一个人可以一次次地乘坐不断出故障的老掉牙的苏式飞机奔波于非洲小国之间？为什么一位工程师能够在坦克的护送下、在战乱中奔赴几公里外去维修友商提供的设备？为什么一群人、一大群人可以长达几个月进行某个项目的跨时区研发，每天工作十几个小时？为什么一个公司能够长期坚持研发投入高于利润两倍左右？为什么9万名股东们能够认同决策层拒绝利润的最大化、坚持劳动者先于和优于股东进行价值分配？……这样的“为什么”大概可以列出成千上万个。我也曾经在和华为员工交流时，无数次问过“为什么”（即将出版的《华为访谈录》）第一册中，读者会在多处看到我的“为什么”的提问）……

解惑这“十万个为什么”的钥匙就在于拆解华为的核心价值观这一逻辑链。

华为的文化标签是奋斗，华为人的代名词是奋斗者。这是华为核心价值观的第一层逻辑，它标志着每一位华为员工包括任正非对19万人的承诺，对华为这个科技型组织的承诺，当然更包括对“上帝”的承诺。

华为人的“上帝”是什么？1994年，华为在北京通信展的展台两侧挂出的红底白字的条幅上写的是：从来就没有神仙皇帝，一切全靠我们自己。同一年，任正非又讲道：“……我们真诚为客户服务的心一定会感动‘上帝’，一定会让‘上帝’理解物有所值，逐渐缓解我们的困难，我们一定能生存下去……”这两段貌似冲突的话其实是一个统一体：上帝救自救之人。前面表达的是组织的意志，后面表达的是组织的信仰。

任正非和华为人心中的至真“上帝”只能是一个：客户。客户是华为存在的唯一理由，正像一个虔诚的教徒认为上帝是其存在的唯一理由。

华为早期的技术很差、产品很烂，华为人在持续加大研发投入力度的同时，把对客户的服务做到了极致：一帮从学校刚毕业不久的工程师日夜去客户的机房守局，经常在半夜三更维修设备；为了尽快给客户提供满意的产品，华为无数的研发人每天都是“2×8”地加班加点，从而以技术和产品的巨大创新赢得了全球客户，尤其是发明通信的欧洲大陆各大运营商的广泛认可；在进入行业第一俱乐部、成为标准的制定者和引领者之一的时候，华为给自己确定的更大的理想是：加大对基础研究的投入，破解客户的隐性需求，为人类信息技术的未来发展做贡献。

这正是华为人所秉持的创新观、客户观，也是华为核心价值观的第二层逻辑，代表着华为人奋斗的方向不是老板和各级管理者，是客户。如果员工眼睛成天盯着的是上司，唯领导马首是瞻，企业的奋斗以资本利益为中心，那么这样的“奋斗”就是违背华为的组织伦理的。

第三层逻辑是：“以奋斗者为本”。这事实上既是一种对价原理，更是一种伦理观、道德观。员工奋斗的目的是什么？主观为自己，客观为企业，并通过企业为客户提供一流的技术、产品和服务，再进一步就是实现顾客理想、人类理想。假使创始人、股东、管理者不能为奋斗者创造一个公平、公正的对价体系，只让马儿跑，不给马吃草，价值分配大幅倾斜于资本和少数人，这就会背离华为的组织伦理，不仅是不道德的，也会带来组织的众叛亲离。

当然，“以奋斗者为本”的总前提是创始人的格局。理想远大之人，薄私利而重抱负，轻虚名而重结果。任正非常说，最大的自私是无私。因此，他在创始早期因与旧股东们理念不合而分手，在通过购股成为绝对大股东时将股份不断稀释给一茬又一茬的追随者，20 多年后 9 万多名劳动者成为“资本人 + 劳动人”，他自己仅剩 1.14% 的股权，并且这两年还在不断减持，他的目标是最终减持到 0.64%。他要向乔布斯看齐。

华为人的使命文化是一个持续加强的过程。早中期更多的是一种生存意识。为了活下来，就必须把“客户就是上帝”当作金科玉律，但更多的目的是为自己、为华为。随着华为的技术实力和产品实力不断变得强大，华为人仍然要怀有忧患意识、要更好地活下来，同时组织从上到下的使命精神也明显在加强，使命氛围变得越来越浓厚。“客户就是上帝”这条金科玉律亘古不变，但到了当下这一阶段，华为人期待能够为“上帝”做更多和更具创造性的奉献，这就是华为为什么要构建一个全球规模最大的研发团队、每年研发投入 150 亿美元至 200 亿美元、基础研究花费每年达几十亿美元背后的根本原因。

有人在网文中假设，华为除了任正非一人的股份是工商登记的所谓“实股”，其他人手上的股份都是虚拟受限股，任正非随时可以将其中的部分或全部股份归为己有。这样的假定有点荒诞，第一，这说明这个作者不懂《公司法》；第二，任正非真要是这么做了，背离华为的组织伦理倒成了小事，关键是谁还会追随任正非一起攀珠峰、一起实现更宏大的个人理想与组织理想呢？

华为是 19 万人的奋斗传奇，没了 19 万人的奋斗，传奇一夜之间就会化为灰烬，而拥有绝对、相对控股权的任正非也就成了孤家寡人。任正非对这一点的认识比任何人都清醒。

有一次，我陪同任正非与员工座谈，有员工提议“和老板合个影”，任正非欣然答应，员工说“谢谢老板”，任正非答：“我要感谢你们，是你们养活了我。”

华为核心价值观的第四层逻辑是：奋斗是每一位华为人对客户的使命承诺，所以每一个华为人都必须直接或间接地围绕客户去艰苦奋斗，并且长期艰苦奋斗。这是华为最根本的组织伦理。“以奋斗者为本”是组织和管理者对员工的利益承诺、道德承诺，而长期艰苦奋斗也是员工对组织、对管理者的责任承诺、道德承诺，员工必须以奋斗和贡献对价于组织的财富激励、权力激励、成就激励和使命激励。与此同时，每个员工的奋斗和贡献也是对其他员工的责任承诺和道德承诺，同一个组织体中有人奋发努力，有人消极怠工，显然后者的行为对他人而言是不道德的。

长期艰苦奋斗更是领导者、管理者对每一名华为员工的承诺。只有领导者、管理者们身正垂范、冲锋在前、甘于奉献、言行一致，才能让华为的工作伦理、奋斗伦理真正扩散开并扎根落地于 19 万人的头脑与组织行为中。

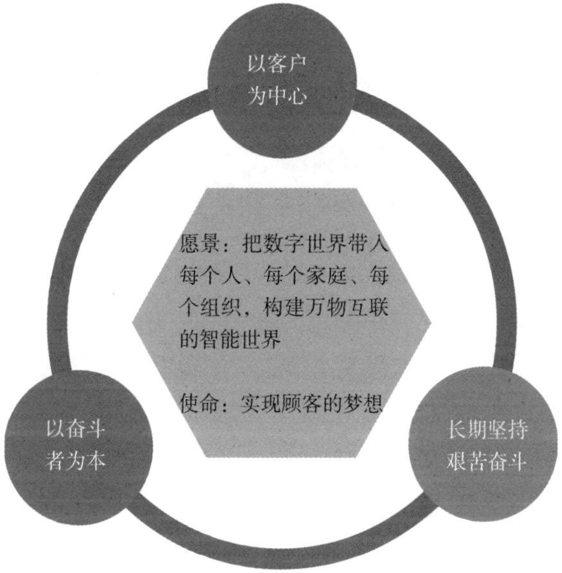

图 3　华为人的工作伦理

很显然，华为的核心价值观与新教伦理观有惊人的相似之处，它事实上构成了华为人的工作伦理、奋斗伦理，只不过华为人的“上帝”是客户罢了。假使哪一天这个伦理观被颠倒了，价值链的某一个环节断裂了，那么华为也就离衰落、死亡不远了。

2019 年，美国聚一国之力打压华为，到全世界游说和阻挠华为，但却在大多数国家和地区收效不彰，包括欧盟和英国，而华为 19 万员工在重压之下也不但未惊慌失措，相反空前地富于战斗力和凝聚力。这足以显示出，华为的核心价值观、华为人的工作伦理、奋斗伦理既赢得了客户的广泛和坚定的认同，也赢得了员工的普遍和充分的认同。

组织兴衰在本质上是文化的兴衰，理念悬空或理念扭曲，组织必衰。

第6讲

理念·制度·人

（中篇）

关于制度：行为管理的工具系统

理念是价值论，制度是方法论

制度是人为创造的一种秩序，这种秩序的目的是对个体与组织的行为进行管理。一家健康成长的企业必然有一套行为管理的工具系统。制度的源泉来自哪里？既来自企业家和企业的管理层在长期管理实践中所摸索出的朴素、直观的方法论，也来自对人类制度史和企业制度建设的一系列理论、案例、故事的借鉴。

然而，理念才是制度之母。理念是价值论，制度是方法论，只有价值论与方法论高度统一，理念才能落地，制度才能获得广泛认同并得以良好推行。假使企业的制度、流程体系和它的理念是背离的，或者有差异、不闭环，这样的制度与流程体系一定有问题。

制度管人，流程管事，我们这里重点讨论的是企业的理念、制度与人的关系，所以基本不涉及流程方面的内容。

华为在过去的 30 多年间，花了数百亿元构建了七大制度与流程体系，包括决策治理体系、人力资源与干部管理体系、研发流程体系、供应链管理体系、财经管理体系、市场管理体系以及监管体系。我们的讨论主要聚焦于决策治理体系、人力资源管理和干部管理体系、监管体系这三大体系，它们是与人相关的，前者是关于领导与决策制度的，中间是关于干部与全体员工的管理制度的，监管体系则是独立于其他制度体系的制度保障系统。

华为的制度体系与它的理念体系一样，是一个“亦中亦西，非马非驴”的中西政治与军事文化、企业治理机制（包括理念与制度）的大杂烩，但从道和术这两个方面看，华为的制度体系则更主要的是一种“西式构造”“美式构造”，有很鲜明的西方组织理念、实践的烙印。

放眼看世界，只有向世界上最先进的管理理念、管理制度与流程学习，华为才能在全球舞台“与狼共舞”，才能真正走向国际化与全球化。任正非早在 1992 年第一次出国、第一次赴美考察学习时，就给华为定下了文化与制度建设的总基调——“我们必须穿一双美国鞋”。

1997 年，华为开始与美国著名的人力资源公司合益集团（Hay Group）合作，同一年，IBM 100 多位咨询专家进驻华为。任正非多次在变革动员大会、变革汇报会议上坚定不移地强调要向美国学习，要“穿一双美国鞋”，甚至不惜削足适履，“先僵化，后优化”。

事实上，在关于人的管理方面，华为后面的 20 年，也的确在“教条主义”地向西方、向美国企业长期学习的基础上，根据自身组织特征、组织演化的一些特点，侧重于向美国军队学习，开展了一系列偏激进的、带有自身创造性和创新性的制度变革，而且这种变革还在持续进行之中。

制度的两大根基：契约制度 + 奖惩制度

华为的全球化（全球市场覆盖、全球人才聚合、全球文化适应、全球治理）有一个根本前提，就是将组织构建于契约的轨道上。契约制度是企业全部制度的元基础，是根制度。

原始积累期的华为，虽然任正非有过在国有企业工作被骗的经历，所以他在创立华为的早期，曾经自学了中国当时所有的法律知识（有华为前高管透露，任正非有一个时期经常利用晚上的时间去深圳大学学习法律课程），但从我们的大量访谈看，创立前 10 年的华为，无论从文化氛围还是制度建设方面看，都仍然带有浓厚的中国特色：人情关系之上的江湖文化，血缘和准血缘之上的老乡、同学、战友、朋友、兄弟姐妹等的"熟人模式"。"打虎兄弟帮，上阵父子兵"是中国大多数民营企业不变的组织形态。这里的"兄弟""父子"是一种泛指，包括拜把兄弟、泛指的"弟兄们"、义父义子等等。几千年的中国社会组织、商业组织始终被这样的情义文化主导、支配，不断演绎着一幕又一幕忠诚与背叛的悲喜剧。

但无论是喜剧还是悲剧，都有一个跳不出的魔框：第一，人性的复杂性与变化性对情义观的销蚀；第二，"熟人模式"导致只能"小人国”中选大个，难以形成群龙聚海、英才云归的效应，当然，也更难以形成世界级的强大竞争力。

华为今天有 19 万员工，其中 4 万多外籍背景的中高级知识分子愿意在一个由东方人、中国人创立和管理的企业中奉献才智，从对其中几十位外籍高管、专家的访谈中我得到的感受是，他们中的一些人也许有文化方面的某种陌生感和不适应，但却很少有制度层面的不适应，因此他们普遍能够在华为这个平台上找到职业归属感。用华为首席信息安全官约翰 · 萨福克（前英国政府首席信息安全官）的说法，华为重视制度和流程，这一点和英国很像，让他“嗅到了一种熟悉的气息”。欧洲某大企业前高管加盟华为后，“最深印象是，这是一家重视契约的公司”。

契约的本质是可定性、可量化、可裁决之上的平等交换。企业与员工、与组织中的每一个个体的关系首先是一种责任赋予—责任承担—利益分享的互换关系，员工投入了智力（体力）和时间，并且直接或间接地为企业创造了或大或小、或多或少的价值，企业就应该依据每个人的贡献大小给予他们相对称的利益回报。但这一切必须建立在符合法律规制的契约之上。

契约是冰冷的，但也是你情我愿的，不存在一方对另一方的情义绑架、道德绑架。华为历史上先后有几万名员工因不同原因离开，虽然也有少数人以法律的手段起诉华为，但几乎很少有人抱怨公司卸磨杀驴，员工与组织共同认同的是有法律效力的“一张纸”，共同遵循的是契约精神。

契约精神与契约制度使得华为从熟人模式走向了陌生人模式。华为的 19 万名员工隶属于 165 种国籍，他们是不同肤色、不同信仰、不同民族、不同文化习俗和不同个性、不同教育背景的形形色色的外国人、中国人，但他们又都是华为人。除了拥有共同的使命与愿景、共同的价值观之外，契约是连接 19 万名知识型劳动者的一条基线，也是华为走向世界各个角落、不同市场的通行证、“身份证”。

契约神圣，这是西方文明的核心标志之一，也是华为所信奉和坚守的核心制度观。

然而，对企业领袖来说，在遵奉契约神圣原则的同时，还必须有强大的道德力量。前者指的是严守“纸上的契约”，这是对组织与组织内外各类关系的硬约束，也是对企业家自身的硬约束，企业家和企业的各级管理者必须做遵从契约的率先垂范者；另一方面，企业家和管理者每日每时还会面临一种软契约、“嘴上的契约”的考验。也就是说，虽然没有写在纸上，双方并无画押，但你说过的、口头承诺过的要不要予以兑现、严格兑现？

我在访谈华为一些老员工时，经常会问一个问题：你怎么评价任正非？几乎绝大多数人的回答都是：舍得付出、无私奉献。华为蓝军前“司令”白志东的回答有点特别：言行一致。这个世界上能做到言行一致的人太少了，任老板是个真正说到做到的人。关于这一点，早期的华为人印象尤其深刻，无论是对客户，还是对员工，“老板说话的口气很大，而且动不动就给别人承诺，但你发现他一直都会兑现，从没失信过”。20 多年前，他自己还在租房住，为了留住某位人才，居然一开口就是“送你一套房子”，而且很快就将房钥匙送给这个人，虽然此人最后还是辞职了。

有人认为，当老大的是“金口”，要尽量少承诺、少许愿，免得承诺了十次，一次两次兑现不了失信于部下，会损害个人形象。这种论调忽视了一个重要信息：承诺事实上是一种激励信号，不但不能“少开金口”，而且应该多承诺、敢承诺、普遍承诺，以激荡团队和个人的主动性和创造精神。这里的关键是“金口常开”的另一面：一诺千金。既然是“金口”，吐出来的就应该是“金子”。

一诺千金，对任何人尤其是企业领导者来说至为重要，虽然它不具有法律意义上的严肃性，但却具有道德意义上的神圣性。管理永远有两条线，一条是契约、制度层面的明线，一条是道德伦理层面的暗线，明暗相间与互补，才有对人性的穿透力和把控力。

制度的第二大根基是奖惩。人类社会归根结底是一个无所不在的奖惩系统——奖励和惩戒的系统，商业组织尤其如此。我们主张什么、赞成什么、鼓励什么和我们拒绝什么、反对什么、否定什么，无不通过给予、适当给予、激进给予去表达，或通过剥夺、有限剥夺、严重剥夺去呈现，这样的奖惩动作在任何企业中，包括初创企业、大型企业、问题企业、优良企业，都每时每刻地在发生着，只是产生的效果有好有坏、有正有负而已。也正因此，如何构建一套基于人性的、科学化的奖惩制度体系，对企业来说至为重要。

近几个月以来，我从管理学的视角再读《圣经》，体悟尤深。三千年前、近两千年前的两本前后衔接又有重大区分的“故事书”（《旧约》与《新约》），从头至尾贯穿的是对人性的深刻洞察，对信仰和信念力量的坚守，对英雄主义、正义精神的褒扬，对组织兴亡律和人与组织变化规律的透彻揭示，这些都是价值论层面的叙事。但几乎每一个叙事的字里行间又都跳跃着无处不在的“方法论”：立约与履约、对履约者的强激励，以及对违约和背约者的强惩戒。

企业家们不妨从组织管理的角度，把《圣经》列入企业管理的参考读物之一。

结构化锁定：封闭的员工普遍持股制

华为的股权制度经历了一个由被动设计到主动设计、由盲目探索到科学规范的复杂过程。早期，任正非一不小心闯进了通信行业，这个行业既需要巨大的资本投入，又是一个智力密集型产业，这两条对于初创的华为来说都是天方夜谭，但偏偏创始人任正非又有着宏大野心。

如何在远大理想与现实困境之间搭起一座桥？员工普遍持股制应运产生。它既锁住了员工的腰包，又锁住了员工的脑袋。

一开始，华为就给员工定高价，高工资、高奖金，但公司的资金又极其短缺，对不起，给你配股，让你把拿走的钱再拿回来。当然前提是自愿的。华为前高管曹贻安回忆说："大多数人都无所谓，让买就买，反正大家相信老板。万一公司垮了，愿打愿挨，谁也不会埋怨谁。"

20 年后，任正非就此大发感慨：这种无意中插的花，今天竟然开放得如此鲜艳，成就了华为的大事业。

但客观地说，持股制作为一种非常有效的激励制度，应该是在 2001 年前后形成的，在此前的 10 多年，虽然每年有可观的分红，却几乎没人能拿到现金，钱又重新投入了购新股，就连公司一些高级干部都认为"那不过是一张纸"。支撑他们每日奋斗的既有高薪酬，又有生机勃勃的组织氛围，还有才华充分释放的满足感，唯独股权在相当多的早期员工的心理天平上，分量显得没有今天那么重。

2003 年，华为的股东们第一次通过分红获得了实实在在的现金，这是一个重大转折，既标志着华为的经营现金流、多渠道融资能力有了重大改善，又凸显出华为股票在股东心目中的价值分量越来越重了。因此，华为的股权制度必须进一步走向科学化和规范化，同时要更加能够体现华为核心价值观：以奋斗者为本。

在全球 500 强企业中，华为的股权制度有着巨大的创新性。第一，它的股权是封闭的，只有华为员工——劳动者才有资格成为华为的股东，这就限制了任何财务投资者——纯粹的"食利者"投资华为的可能性。也就是说，单纯的"钱生钱"的华尔街游戏在华为是行不通的。第二，华为股票是一种有前置约定的虚拟受限股，股东只有分红权，股票不能流通和私下交易，也不能传承。股东转让手中的股票，也只能以公司当年的配股价重新回到华为员工持股会的股票池中。这也就保证了创始团队和劳动者（含部分退休持股的前劳动者）能够长期拥有公司 100% 的决定权，而不会导致外部资本对企业战略意志的左右。第三，饱和配股制。每一个职级都有配股的最高限度，一个人的职级如果没有向上发生变动，在达到本职级的最高配股额时，就不再予以配授，这发射出的明确信号是：华为的股票与劳动者、奋斗者紧密挂钩，是基于劳动者、奋斗者的贡献大小进行倾斜，而不是基于资历，更不是基于资本。第四，创始人仅拥有 1.14% 的股权，这是通过将近 30 多年的不断稀释而形成的，依任正非的公开表达，他希望这个比例最终稀释到 0.64%。事实上，他手中的持股比例在过去两年，已下降到 1% 以下。

10 年前，一位华为前高管对我说："老板应该将股权比重提升到 10%~15%，这样他就有了法理层面的实际控制权，就不会像现在这么累了，成天花很多心思搞平衡……"我将此话转给任正非，任正非答道："你以为他愿意其他人都愿意？我当初这么做就没想过要走回头路，我们要的是理想，是胜利，不是利益。"我在另一次和他电话交流时说："你要是想过舒坦日子，就像很多人一样，让华为上市，套一大笔钱，管它将来公司是好还是坏呢，但你又不是这样的人。"他回答："有很多钱还不是天天喝茶吗？我现在不就在天天喝茶嘛。"

理想主义的企业家永远都不会沉湎于舒适区。他们是奋斗者，是制度探索者，是实验家和冒险家。华为的员工普遍持股制事实上是一种带有理想色彩的结构化的锁定，它意味着经过 30 多年的演变所形成的价值平衡与观念平衡。创始人为了理想必须永远坚守“最大的自私是无私”，其他人无论是为了利益还是理想也必须节制过度的贪婪，同时努力奋斗。这种平衡背后体现的是共同的理念认知、共同的命运认知、共同的风险认知。任正非在把利益分享出去的同时，也把风险分散给了 9 万多位员工股东，所以大家只能在一条船上齐心协力，拼命划船，船沉了，大家一起完蛋。

这样的股权制度无疑也是一种强大的倒逼机制，倒逼每位股东只能长期奋斗，奋斗不动了，也甘心将接力棒交给新的奋斗者。

“王在法下”：将华为构建在制度的轨道上

契约制度与奖惩制度是任何组织都有的普遍性制度，而封闭性的员工持股制度则是华为自身的创造。虽然它与美国企业的期权制有某种相似，但也有重大的不同，尤其是以下三点：一是它百分之百地为员工所持有，拒绝纯粹的“食利型”资本的嵌入；二是它有自身鲜明的价值主张，即资本作为长期投入，必须节制短期追求和过度贪婪（事实上，过去 30 多年华为的净资本收益平均保持在 30% 以上）；三是劳动者要先于和优于股东进行价值分配。这即是说，单纯劳动者的收益来自自身的脑力和体力付出，他们虽然不能参与企业的利润分配，但也无须承担企业短期亏损的风险。而且在过去30多年劳动者的平均收益与股东分红之比大约为3∶1。

这样一种封闭的同时又高度分散的股权结构给华为的决策制度带来的巨大挑战和约束是：它必须探索出一套与之相适配的权力授予机制、权力运作机制和权力制衡机制。股东代表大会是华为的最高权力机构，股东代表由9万多个人股东无记名投票选举产生（每5年选举一次）；新当选的51名股东代表与9名候补代表无记名差额投票选举董事、监事，新当选的董事、监事分别组成董事会和监事会，再由董事会提名推选出常务董事会成员，负责公司日常的经营与管理活动。表面上看，这一套机制与一般的上市公司并无多大区别，但细节上却有重大区分。“君权民授”，决策层的每一份权力都来自9万多个人股东手中的神圣投票权，这个投票权的效力是均等的，不因持股多少而加减权重。与此同时，由于华为不是上市公司，所以它也没有外部独立董事。同时，华为的董事、监事成员无一例外都是公司的持薪劳动者，也就是说他们既是9万多位股东的代言者，也是19万名全体劳动者的代表，既要为资本负责，更要为劳动者负责，为企业的短期、中期和长期发展负责。

美国的企业制度赋予了CEO极大的权力，所以“成也CEO，败也CEO”，华为探索的是“王在法下”的“可控民主+有限集权”的决策制度，这是由于它特殊的股权制度所规定的相对最优化的选择——“制度成了君王”。

1997年，IBM的咨询专家们与任正非第一次交流时说，“你可要想清楚，变革首先是对着你来的”。任正非表示认同，他明白华为要想基业长青，就必须将华为构建在制度的轨道上，这也意味着创始人首先要进行自我革命。在制度的框架内人人有权且人人权力有限，而与此相对应的就是要消除任何人包括创始人的绝对权力、任意权力。

华为曾经的轮值COO（首席运营官）制、轮值CEO制以及正在实行的轮值董事长制都是关于最高决策体系的一种制度性探索。CEO任正非不再拥有具体的决策权，仅拥有建议权和否决权；轮值董事长在其轮值期拥有日常管理权，但重大决策必须由常务董事会集体讨论做出决定，并报CEO听取意见。

轮值制度实行以来，任正非似乎只使用过一两次否决权，他说原子弹不爆炸才有威力呢！常务董事会的某些重大业务战略或人事决定他也会有不同意见，但他通常的做法是反反复复地与大家沟通，包括一次又一次打回去修改，直到达成共识，这种共识常常是双方妥协的结果。而任正非的一些建议也经常会被常务董事会予以否决，他也只能选择放弃，或者如果他认为兹事重大，就会隔一段时间推动一次，绕着弯对一个人或多个人进行阐述和游说，说服更多的人接受他的想法。这些人虽然接受了，但也会对他的想法进行某些修正，使之更稳妥和更利于实行。

权力必须关进制度的笼子中，这是企业民主决策制的前提。但企业也要警惕权力限制带来的权力失能和无能。关进笼子中的老虎不能成为“无牙之虎”，它会造成“权力困局”：谁也动弹不了，谁也不想动弹，或者只有一个人或几个人动弹，而多数权力的拥有者却恃权而不作为、少作为、缓作为。对于一家有追求的企业来说，这样的权力制衡是灾难性的。

人人有权，人人权力有限，但人人都必须将有限权力最大化发挥，这才是权力运用与权力制衡的理想状态。

还有，在重大危机关头，企业处于战时状态时，权力必须高度集中，甚至充分集权。在非常时期，决策的效率高于一切。当然，危机解除，战时状态结束，则要复位于有限民主加适度集权的决策机制，还权于集体决策群体。

华为的决策制度仍然处于探索和变化之中。因时因势而变，是华为组织变革的一大特色。

“赤脚的自由主义者”与华为的人才制度

创业初期，任正非经常光着脚走来走去，从这间办公室串到那间办公室给员工打气、鼓劲，和他们吹牛，有时手里还提着鞋，多数情形下会把鞋脱在某个门口，离开时偶尔会找不到鞋去哪里了……

这是一个极富象征性的细节，生动地反映了任正非个性特质的主要方面：无拘无束，酷爱自由。他也把这种自由元素灌注到了华为的管理文化和制度设计之中。20 多年来，我在华为接触过许多类型的华为人，用“三教九流”来形容并不为过，有些专家性情乖张，有些管理者个性张扬，有些员工完全不懂人情世故，这些人恐怕在大多数公司是无法被容忍的。余承东就曾经几次对我说，他从清华硕士毕业时，他的导师判定他的性格一不适合做官，二不适合去企业，只适合在大学做研究。抱着试试看的想法他走进了华为，结果“活下来了”，一路打拼，20多年后成了统领几万人的终端公司董事长及消费者BG（业务集团）CEO，而他的个性依然很鲜明，时而锋芒毕露。余承东应该是被任正非批评最多、批评得最严厉的高级干部之一，但他一边被骂，一边被重用，有时被降级降薪，有时被破格晋升。

这就是华为用人制度的力量所在、弹性所在。一个人可以有这样的缺陷或那样的毛病，但这个人只要敢作为、能作为、善作为，并且取得了成绩，就能够有机会获得成长。“他有很多只羊，但没有多少子弹”，这样的组织岂能有战斗力和扩张力？饱读经典，胸有经纶，却不知如何打仗，这样的秀才岂能做将军、做统帅？有一次，我对任正非讲到华为一位中层主管阅读量很大，每年读五六十本书左右，任正非说，读死书、死读书有什么用，关键看干得怎么样。

华为的人才制度包含了这样一些要素：

第一，结果导向论。将军是上甘岭上打出来的。虽然华为很重视对员工、干部的培训，华为大学每年培训的人次高达数千上万，但这并不等于“进入党校，就有了提拔的资格”（这句话是华为大学一位前主管之语），华为的干部也不是“火线入党”（出处同上），上前线作战仅仅是离晋升近了一步，真正地被提拔、被破格提拔主要依据结果和贡献的大小。这一点华为主要是向美国军队学习的，“有没有上过战场，有没有和敌人面对面拼过刺刀，有没有在战斗中负过伤”，更重要的是一个人的战绩——杀敌多少，俘敌多少，还有一支团队的战绩对扭转战场态势的贡献。华为今天不少高级干部出自无线产品线，比如徐直军、汪涛、余承东、徐文伟、赵明……这很大程度上是由于无线产品线过去 20 多年为公司发展所做出的贡献。

任正非讲：“徐直军的优点是大包大揽，敢于担责，他的官不是我们给的，是他自己争取的。职级不是谁恩赐的，是打出来的。”

华为高层对从优秀团队中选拔优秀干部有另外一番宏论：集体立功，集体授奖，少数人破格任用。立功奖励分为 3 种形式——破格、顺格、拿奖金。表现最优秀的破格提拔，次优秀的可以升一级，不够优秀的就多分奖金。升级的就少拿些奖金，升级带来的配股、涨工资的激励就更大了。作战队伍“通货膨胀”为什么不可以？当然可以，要鼓励大家挣钱去，立功去，当将军去，冲上山头的就是中将师长，或者少将连长。

任正非多次讲起俄罗斯国防部长绍伊古的故事。一个一天兵都没当过的民兵少尉，在一天之内被连提 7 级成为少将，很快又成了国防部长。尽管这位国防部长没当过兵，但美国媒体评价他：“比当过兵还狠！”他的治军整军能力获得了俄罗斯从上到下的一致好评。

第二，试错论。没有人有上帝般的洞察力，上帝也会看人看走眼，不然就不会有那么多的悲剧发生：种下的是龙种，收获的是跳蚤。同样也没有人生而天才、生而优秀、生而伟大，天才等于勤奋加机遇。优秀与伟大无不是从错误的泥坑中一次次地爬起来的，从挫折与苦难中崛起的。任正非是凡人领袖，当然也会识错人、用错人。事实上，在华为的早中期阶段，任正非在识人、用人上也的确犯了很多错误，有些错误甚至是致命的。但这并不影响他的激进用人观：放胆给新人压担子，破格给年轻人大舞台，让他们在不断犯错的过程中成长、成熟起来，当然相当一些人也并未能成长起来。不过从总的“投入产出比”看，这样的试错成本是值得的。

华为今天数千位的中高级干部，无不在历史上犯过很多错，但他们毕竟在不断的自我觉醒、自我修正和大浪淘沙中站立起来了，这是华为一笔至为宝贵的财富。

第三，“换防制”与“之”字形成长论。干部在一个位子待久了，免不了会有职业倦怠，驾轻就熟的另一面就是工作激情的下降，也容易形成山头。华为在 1996 年的市场大辞职变革中，形成了制度化的刚性规定：一个主管在一个代表处或部门履职三至五年，必须换防、轮岗。这既是防止组织板结的举措，也给干部提供了成长的空间。而对于比较优秀的高管苗子，又会让他们：首先，去基层历练，没有过一线作战经历的干部一般很难上升为高级干部（专业性强的岗位例外）；其次，到不同业务部门任职，甚至让外行管理内行。华为 20 级以上的干部，大多数都在过去的 10 多年、20 多年有过在三五个、七八个甚至10个以上不同岗位工作的经历，这样的“之”字形成长道路有助于培养干部的全局观，训练他们的协调和统筹能力。而对于专业性很强的部门，有一些干部则是“烟囱型”直线晋级的。

华为董事长梁华本科读的是材料学，博士专业是机械电一体化，但他在华为除了做了4年多的研发之外，26年中还先后在结构运作部、订单运作部、供应链运作部、采购部等多个部门做过主管，参与和主持过华为供应链的变革，近距离、长时间与美德日等国家的西方咨询专家们打过交道，后来又出任过CFO，再后来担任过审计委员会主席，现任华为技术有限公司董事长。梁华是一个典型的“之”字形成长起来的高级干部，华为有一批这样的干部。

第四，凤凰论。干部要能上能下，要耐得委屈，受得了挫折，犯错误也并不可怕，而且要鼓励干部勇于冒险，敢于试错，关键是干部要有自我批判精神，同时愿意接受来自组织、同事、下级的批评。烧不死的鸟是凤凰，在批判与自我批判中一个员工才会成长得更快，一个干部才能成熟得更快，一个高级干部才能服众和少犯错误。

第五，英雄论。华为是一个崇尚英雄文化的组织，无论是干部还是员工，无论是在市场一线还是研发体系，抑或是财经、行政、后勤等支撑体系的奋斗者，都在长期的文化与制度熏陶下，形成了一种英雄气质、英雄作派。不畏难，敢叫板，敢啃硬骨头，敢挑战不可能，同时又能扑下身子与团队一起达成目标。个人充满生机，团队充满活力，这是华为30多年来不断走向成功的一个至为根本的原因（关于英雄的话题，可参考本书的“英雄三部曲”部分）。

另外，英雄有各种各样的，在最佳年龄、最佳时间做出最佳贡献的员工也是英雄；“假积极”的员工天天“假积极”就成了“真积极”，也是英雄；任正非也很推崇冯定的“正义冲动论”——一个人一时冲动之下做了英雄，当然也是英雄。英雄是活力与激情的化身，活力是英雄之魂。

10 多年前，我征询任正非对一个非常有才华的人的看法，任正非说了一句：“没有了激情，有啥用。”

第六，天才论。任正非对特异人才尤其是天才一直比较偏爱。早期他特别喜欢招少年班的天才，华为曾经招了 10 个左右中国科技大学少年班、华中理工大学少年班的尖子毕业生，可惜他们后来成长得大多不顺利，多数人早早就离开了华为。这也许和华为的文化土壤有关系，也许和他们自身的个性有关系。任正非也特别钟爱博士毕业生，早期他一定要让他们在名片上印上“博士”头衔，见客户时也会刻意介绍 ××× 是我们公司的博士。

华为在 2019 年有 6800 名博士背景的科学家、专家、管理者和普通员工，他们的确在华为的技术创新、产品创新和发展史上做出了巨大贡献。然而，由于人力资源部门的教条与僵化，这数千位博士的创造能力并没有被充分释放出来，2019 年下半年，华为一方面在全球加大力度招聘优秀人才，另一方面对自有的人才库进行盘点，发现相当一批博士生要不待遇起点偏低，要不没被用在刀刃上。因此，常务董事会做出决定，给大多数起点低的博士提一到两级，“给他们一个上来的台阶，让他们没后顾之忧”，不过“18级以后我们就不管了，要靠他们自己的努力了”。与此同时，公司也对博士的使用进行纠偏，“要建立合适的模型，不能让博士去洗试管”，“博士是用来啃骨头的，不是用来做码农的”。

华为过去并没有完全激活现有的人才存量，同时，轮值董事长徐直军也直言，华为过去30多年尽管人才济济，但也并没有吸引到最优秀的人。

近几年，任正非在多个场合大声呼吁，华为要让“天才成批来”，要让天才少年像泥鳅一样“钻活我们的组织，激活我们的队伍”，期待这些天才成为华为的丙种球蛋白。2019年以来，他不仅讲得更频繁、更有紧迫感了，而且要求当年从全世界招进20至30名天才少年，2020年招进200至300名……“只要天才成批来，没有攻不下的‘城墙口’。”

据最新信息，2019年华为引进的一批天才，大多数都有了合适的岗位，有些人很快做出了显著贡献。华为为他们构造了一个类似谷歌军团的创新特区，我称之为“天才特区”。

任正非说：“什么叫天才？在一点上有突破，才叫天才。”

自由要框定在秩序的根基上

衡量制度好坏的标准之一是看它发现、培育、凝聚了多少杰出人才，尤其是领导型人才和架构型人才。在中国企业乃至世界大企业中，华为的确是人人济济的，这无疑与华为文化和制度要素中的自由主义精神有很大关系，尤其是在它的早期发展阶段。也因此，许多老华为人非常怀念那个“遍地英雄下夕烟”的初始创业期。

然而，自由的“赤脚”必须有一双鞋子。自由是如此随意，项目随便上，奖金随意发，工资月月调，主义多元，思想多元，山头林立，硬币的另一面便是失序。“你可以用刺刀做成任何事，但没有了《圣经》，刺刀在伤及他人的同时，也会刺到自己”，所以企业必须构建价值观；你可以“天才成群来”，英雄满世界，但没有制度之网的约束，天才会夭折，英雄会异化成枭雄，雄心会变成野心，“遍地英雄下夕烟”就会演化为“遍地是狼烟”。

人性是不变的常量，每个时代、每个组织、每个人都有同样的德行与恶念，因此制度必然要有双属性。

制度的第一属性是助长自由精神，激励人的自主性与创造性，是一种让人获得解放的规则。制度的第二属性是为自由设定方向、设定边界，对人性中的“恶之花”进行管控。我们“唯一拥有的自由是有秩序的自由”，这就是我这些年经常讲的：给野马套上缰绳，给孙悟空戴上紧箍咒。

崇尚“多打粮食”的任正非和“遍地英雄下夕烟”的华为，在华为发展到第八个年头前后，步入第一次痛苦的蜕变期：呼唤和拥抱秩序，在不知所措的内外环境下构建秩序。

严格来说，华为人力资源管理走向规范化与科学化，始于 1997 年美国合益集团在华为进行的管理咨询，之后若干年，IBM、美世（Mercer）等美国著名咨询公司也都从不同角度、不同程度地介入了华为的人力资源变革。华为在一边快速发展、一边推行变革中实现了在“高速路上换轮胎”，10 多年后，基本形成了与一家全球化大公司相匹配的人力资源管理的制度体系和庞杂的流程体系，以及“选用留育管”的干部任用、晋升、奖惩等制度和流程体系，结构之完善、环节之全面、细节之具体、文字之严谨，一点不亚于任何西方大企业。这些叠加形成的几十万字的条例、规章、决议、文件总体上看有以下几个特色：

一是精英化。它从多方面规定了华为的选人、用人只能走精英道路，举例说，如果你不是毕业于某一类大学，你连进华为的资格都没有；再比如，如果经不起 360 度的 IQ（智商）、EQ（情商）等多维度、多层级的笔试和面试，以及最后的集体评估，你也基本入不了华为之门。这样的制度与流程的确带来了华为人才队伍整体水平和素质的提升，进而促进了华为的技术、产品的创新和全球化，但它也过滤掉了任正非所青睐的“歪瓜裂枣”——天才常常在 360 度的框架之外。

二是模板化。可操作性强，可量化，可复制，可移植。但它的缺陷恰恰是简单化，忽视了人是理性与情绪、情感的复合体。

三是西方化。华为之所以能够在全球广为延揽人才，原因固然很多，其中华为的人力资源制度和流程体系与西方公司是完全相通的，这一点无疑是关键因素。但华为又借鉴了西方“三权分立”的政治体制中的某些形态，比如人力资源部门制定用人规则和管理规则，总干部部负责干部人事调配，华为大学负责干部培训。具体到干部的任用或提拔，用人部门有推荐权，上级部门有任用权，道德遵从委员会有一票否决权，而这三个部门也同样不能一个人说了算，比如用人部门的 AT（行政管理）组织在推荐干部时要进行集体讨论，从而形成集体决议，集体承担责任。

当然，华为今天的大企业病，也主要是“西方病”，与中国式的大企业病有本质上的不同。

与此同时，监管制度也开始逐渐形成。华为一位高管告诉我，华为花了 15 年多的时间建设了一个全覆盖的“天网”，从财经、法务、审计、稽核到道德遵从委员会，多侧面、多角度地对干部尤其是中高层干部进行监管。

华为有几千位 CFO（首席财务官），分布于全球 170 多个国家和地区，行政上隶属于作战部门，业务上向集团财经总部负责，既在一线协同作战，又近距离加强合规监管。CFO 孟晚舟说，“华为不能建在啤酒泡上”。这几年随着 IT（信息技术）系统的建立，在华为财经总部的“作战室”就可以即时查询华为全球资金的即时流动状况，也能够即时了解全球各个业务作业单元的账务变化。当然，这个系统还在进一步完善之中。

华为的法务部门很重要的职责之一就是推动和不断完善员工的

法律遵从，包括守法意识和合法作为，遵守联合国的法律和所在国的法律。

华为的审计部是悬在所有管理者头上的一把“闪着寒光的剑”（一位产品线高管的原话），它明确给每一位华为人尤其是管理者规定了行与止的边界，“没有模糊地带”，华为人必须严格遵循。如果你越了界，拿了不该拿的钱，吃回扣，用公款私人消费，或者超标准公务开支等等，就有可能在例行审计、专项审计或被举报后被发现，那你就得承受相对应的各种处罚，包括被移送司法机关。制度是刚性的，制度面前无盲区，华为的所有高管包括任正非都必须接受例行审计。

华为的道德遵从委员会主要负责监管干部的工作作风与生活作风问题，在干部晋升方面拥有一票否决权。

华为未来变革的方向是：权力要充分下沉，全面激活“子弹头”，但集团保持 3 项中央集权：监管统一、账务统一和资金统一。

与研发流程建设、供应链流程建设、人力资源制度与流程建设一样，华为的监管制度体系建设同样聘请了欧美知名的咨询公司，请洋顾问把脉，广泛借鉴和吸收了西方的监管标准、监管理念、监管体制、监管方式和经验。华为财经变革的老师是 IBM，法务部聘请了许多西方尤其是美国顶尖的法律顾问，审计部的首席顾问是国际审计协会的前主席。用一位华为离职高管的说法，“老板从来都是对标世界上水平最高的机构、找水平最高的人合作，砸大价钱拼命吸收对方的智慧，华为成长了，对方也成长了”。另一位前华为人说：“华为的最高层全是黄皮肤的中国人，但他们这些年受西方思维影响很深，用美国方式与西方企业竞争，老板尤其是。次高层既有中国人，也有一群欧洲高管、北美高管，做基础研究的科学家们主要是华为的外国员工，华为的全球化首先是管理的西方化……”

优良制度的标准、对称性原则和评价维度

深入研究任正非的思维方式，你会发现他有一个最为显著的特征：悖论与两极对冲。任正非酷爱自由，但也偏好秩序；他欣赏个人英雄，又推崇群体英雄；他发自内心地渴望天才、优秀人才加盟华为，但也强烈主张“英雄不问出处”。曹贻安只是个北京邮电大学函授毕业生，但他可以让曹贻安负责华为第一款程控交换机的研发，即使曹贻安手下的工程师大都是名校毕业的正规大学生；他鼓励冒险，但又很小心翼翼地规避风险；他总是用左手在企业内部搅起不平衡，掀起骚动，但又用右手推进平衡。

华为不少人经常迷茫于老板的多变。当任正非某个时期支持“自由派”（为员工和一线团队争取更多的自主性空间的管理者们）的呐喊时，“管控派”（捍卫法律、制度、流程和干部作风边界的一群人）会有点沮丧；但一段时间之后，任正非又会大张旗鼓地支持“管控派”，“自由派”会显得失落。而许多时候制造和传播变化信号、指挥朝左朝右打方向盘的是任正非自己。三位轮值董事长郭平、徐直军、胡厚崑，

有时有人赞同老板的立场，有时有人反对老板的立场，或者一起反对老板的某一个观点，而他们三位的观点有时候也会对立，这就在事实上形成了一种机制性的对冲——所有人包括任正非的观点、意见都很难走向极端。这是我在华为 20 多年近距离观察到的一个非常有趣且值得深思的现象。

华为的制度建设就是在这样一种波浪式的、对冲性的、机制化的背景上逐渐成形的——从混乱中找出秩序，在秩序中激荡活力。很显然，制度既非永恒，又不能来回翻烙饼，需要有一定稳定性。同样，它肯定不是完美无缺的。期待完美是一种幻觉，因为所有的制度都隐含着败坏的种子，所以它只可能做到次优良、相对优良。

那么，对一个优秀企业来说，它所追求的优质制度的标准是什么？这些年，我在大量翻阅华为的各类文件、任正非的系统讲话稿以及和华为许多高管交流的基础上形成了一些思考。我认为优质制度的标准大概包括以下几个方面：

1. 是否有利于激发个体的积极性、主动性和创造性；
2. 是否带来团队合作最大化和冲突最小化；
3. 是否改善和提升了客户满意度；
4. 是否带来了风险可控；
5. 是否促进了公司业绩增长。

第一条是多数组织显性的追求，第二条常常被忽视，但是非常重要，叫作合作最大化，冲突最小化。第三、四、五条是遵循优质制度的结果：客户导向并带来企业的业绩增长。但这种增长不能是泡沫式增长、竭泽而渔的增长、炮制假合同和做假账的增长。2017年，华为财经部和审计部相互配合，对历史上做假账的部门及主管进行了一次全面清理，有数十个业务部门和近百位主管存在不同形式、不同程度的做假账现象。经过常务董事会讨论，分别给予当事人罚款、降级降职等处分，任正非和三位轮值董事长主动承担领导责任，任正非罚款100万元，轮值董事长郭平、胡厚崑和徐直军各罚款50万元。

优质的制度体系有5大对称性原则：

第一，员工的付出与获得相对称，这是优质制度重要的标准之一。但是，有没有具体的衡量指标？华为对标的是高于业界平均薪酬标准，包括工资、奖金和福利。当然，持股员工还有股票分红。另外一个衡量指标就是员工对利益获得的普遍满意度。

第二，劳动者利益与股东利益正向对称。正向对称的原则是员工和股东共享企业发展成果。

第三，员工的综合收益（薪酬、股票分红和福利）和职业发展前景的对称。员工当然关心配股多少，关心工资、奖金与福利，但在一个知识密集型的科技公司中，员工同样关心甚至更关心自我的职业发展前景，这包括学习氛围与培训、成长通道、平台影响力等方面。只有把员工对短期收益的期待和对职业前景的期望对称起来，才能让优秀、有发展潜力的员工留下来和留得住。

第四，企业的短期发展目标和中长期的战略愿景的对称。对科技类公司来说，研发投入和对人才的投入力度最能展现企业中长期战略的纵深度，但又要保持短期业绩的良好增长。

任正非曾经打过一个比喻，“我们每年几十亿美元往黑土地上扔牛粪”，实际上讲的就是华为面向基础研究的中长期战略投入。在一次会议上，他问在座的几十位高管，牛粪指的是什么？大家七嘴八舌都没答对。任正非转过头问徐直军，徐直军答：“基础研究。”任正非一拍桌子：“回答正确！”

第五，组织前后左右各个职能体系的对称，也就是说组织不能有短板。研发与市场是哑铃的两头，但连接和支撑两头的制造、供应链、财经、行政、监管、后勤等体系同等重要，必须予以同等重视。

制度质量有没有评价的基本维度？答案是有的。

第一个维度是制度的效率，至少有 9 个可以量化的硬指标。以华为为例：（1）销售增长率，华为过去 30 多年平均年销售增长率接近双位数，多数年份都是双位数增长，仅在 2002 年是负增长（有说法是因为当年华为电气被卖出，其销售额未计入）；（2）净资产年滚动率，华为 2018 年的销售额为 1020 亿美元，净资产 150 亿美元；（3）净资产年回报率，华为 30 多年的净资产年回报率大约在 30%；（4）人均效益，包括人均销售额、人均利润等；（5）员工年收入平均增长率；（6）专利申请总数和年递增数；（7）专利申请总数和年递增数与全球行业主要企业的比较；（8）在全球500强排行榜中名次的历年变动；（9）在全球品牌排行榜中名次的历年变动等。[①]

一个制度好不好的第二个维度是员工满意度和管理者满意度。我们说制度是管人的，流程是管事的，所以“鞋子穿得合适不合适，穿鞋的人最清楚”，但也不尽然。制度首先是关于解放人的规则，同时制度的另一面就是让人不舒服，就是要削足适履。所以管理者与被管理者对制度好坏的评价既有立场的相同，也有立场的不同，再者他们各自的感受度也不同。

任何制度都无法获得全部人的认同，从心声社区就可以看出这点。华为许多规章制度的出台，都会引起各种不同的赞成或指责、抨击的声音，但如果是一面倒的批评之声，恐怕制度的制定者就要反思了。一个好的制度或规章应该也必须获得多数人的认同才行。

当然，评价制度最重要的、也是最根本的维度是，是否与企业的核心价值观一致。如果偏离和抛弃了内含于制度结构中的价值观，并因此拆毁了组织的文化基座，这样的制度将是低效的、无效的，甚至是有害的。相反，如果制度的文化根基健康有力，即使随着时间演化会产生某些制度衰变，但它总能被重新注入活力而得到改善。

---

① 见本讲附注“制度质量评价的基本维度图表”。

附：制度质量评价的基本维度图表

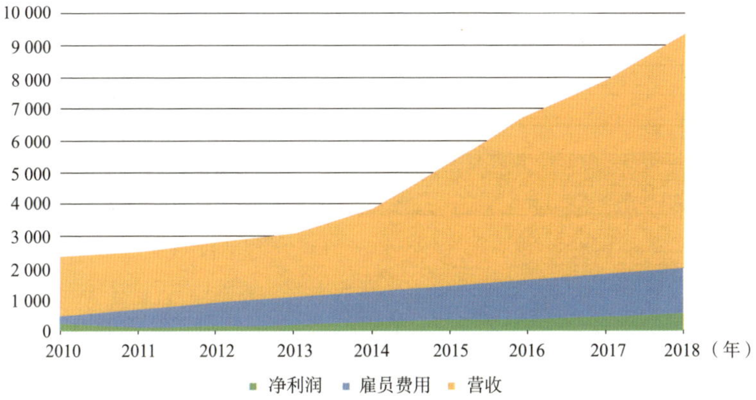

附图 1　华为近年价值分配结构

图表来源：华营培训李传涛

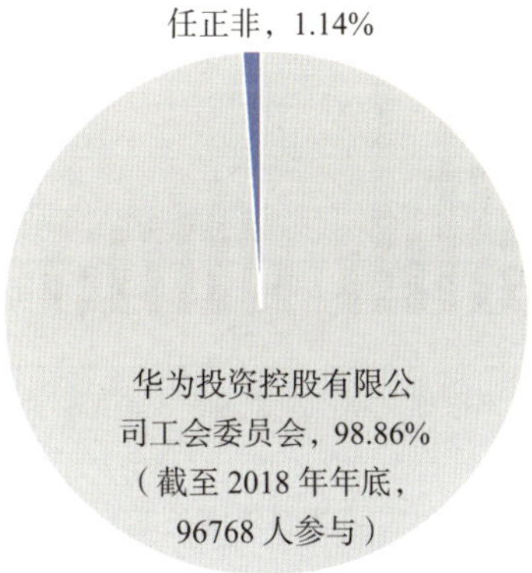

附图 2　华为股权结构

图表来源：华营培训李传涛

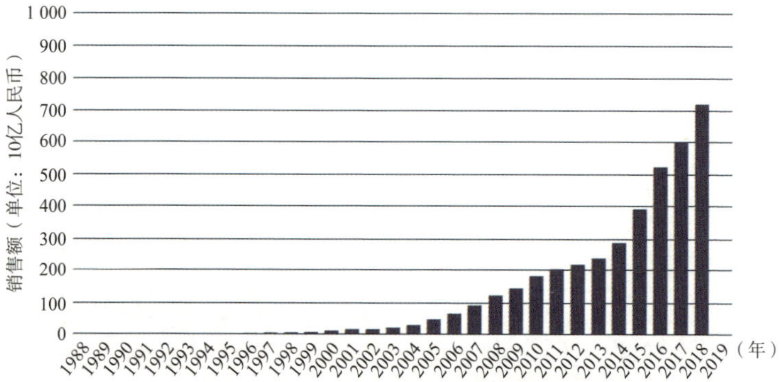

附图 3　华为历年销售额（1988—2019）

图表来源：新加坡国立大学商学院乌耀中副教授

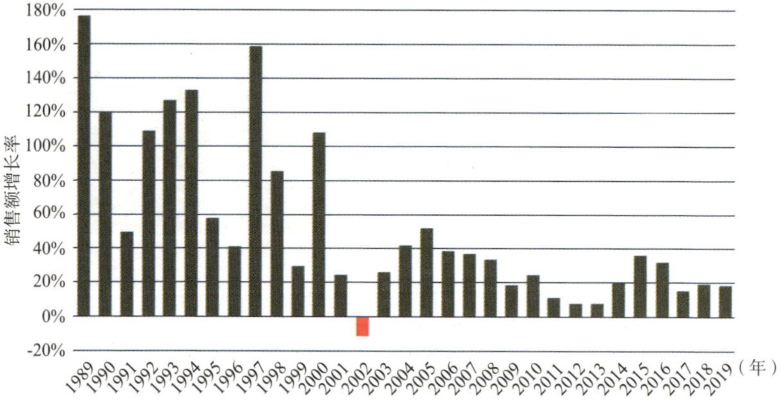

附图 4　华为公司销售额年增长率（1989—2019）

图表来源：新加坡国立大学商学院乌耀中副教授

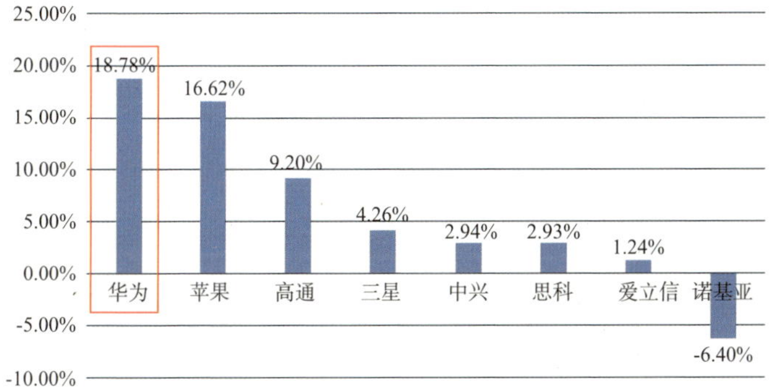

附图 5　全球通讯业主要玩家 10 年收入复合增长率

图表来源：薛云奎（2020），无界学堂："全球争锋，解读华为 2019"

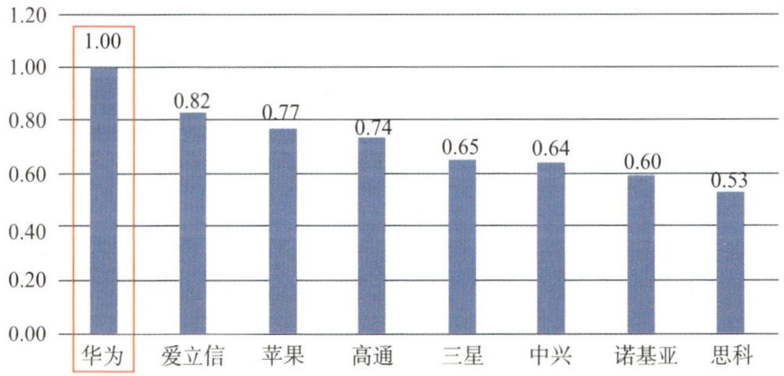

附图 6　全球通信业主要玩家资效比分析

图表来源：薛云奎（2020），无界学堂："全球争锋，解读华为 2019"

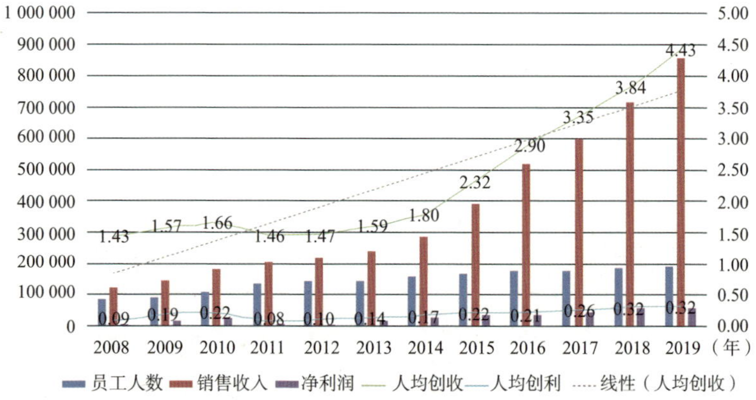

附图 7　华为人效比分析

图表来源：薛云奎（2020），无界学堂："全球争锋，解读华为 2019"

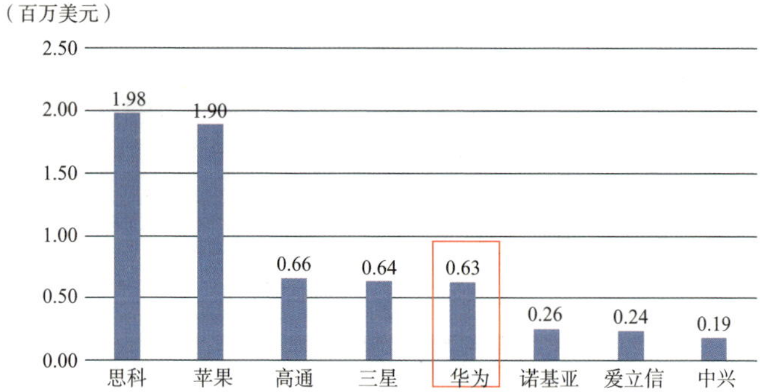

附图 8　全球通信业主要玩家人均创收分析

图表来源：薛云奎（2020），无界学堂："全球争锋，解读华为 2019"

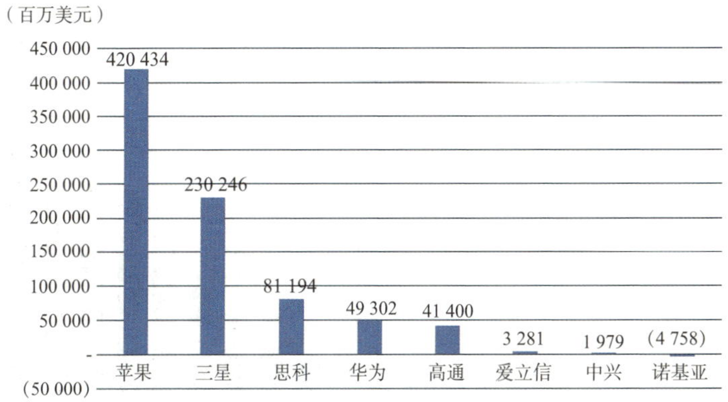

附图9 全球通信行业主要玩家10年净利润分析

图表来源：薛云奎（2020），无界学堂："全球争锋，解读华为2019"

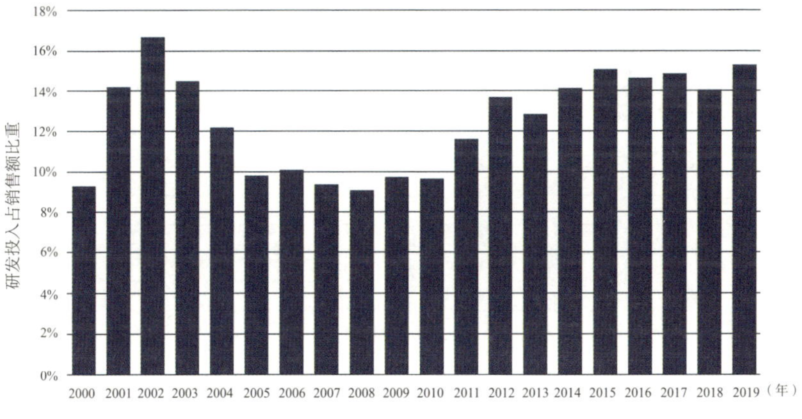

附图10 华为历年研发投入占销售额比重（2000—2019）

图表来源：新加坡国立大学商学院乌耀中副教授

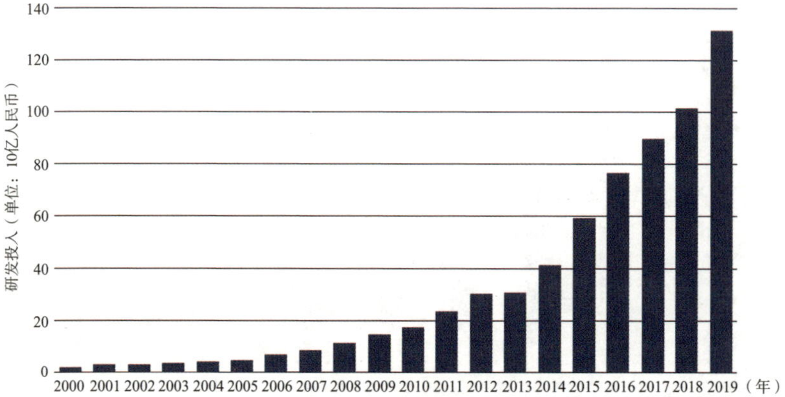

附图 11 华为历年研发投入（2000—2019）

图表来源：新加坡国立大学商学院乌耀中副教授

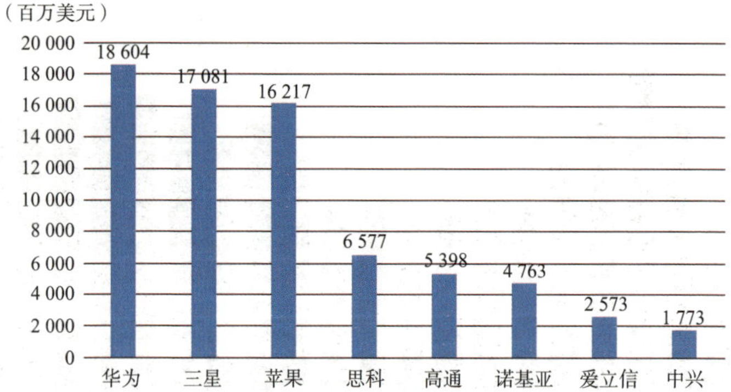

附图 12 全球通信业主要玩家研发投入分析

图表来源：薛云奎（2020），无界学堂："全球争锋，解读华为 2019"

附图 13　华为专利申请与授权情况（2010—2019）

图表来源：华营培训李传涛

第 7 讲

理念·制度·人（下篇）

人与制度的异化

阿 Q 永远画不圆那个谜一样的圈

前面我们分别讨论了人、理念、制度，这三者是一个闭合系统，三者各自又包含了若干闭合的子系统，比如理念即华为的核心价值观，就包含着 3 句话：以客户为中心，以奋斗者为本，长期艰苦奋斗，这 3 句话也是一个闭环体。我们必须意识到，闭合或者闭环是我们这个研究的关键词，这至少反映了以下几点：

一、华为 30 多年的管理具有“形而上”的哲学性、系统性，虽然它也经历了盲打盲试的摸着石头过河的过程，但从头至今始终有顶层设计的影子。

二、实验性。观念的实验，比如核心价值观塑型、完型的过程长达近 20 年，这是一步步地反复实验、实践的 20 年，而非秀才们拍脑袋拍出的灵感。制度的实验更是比比皆是。何谓观念或制度实验？具有“假定—试错—闭环—可检验—可重复”这 5 个递进的过程，并构成一个完整的链条，方之谓也。

三、理想主义追求。所谓闭环即是完美，即带有了阿Q的“精神胜利法”的意味。阿Q临死都在执念于“妈妈的，怎么画不圆呢”，所有的理想主义者身上莫不有点阿Q的影子。固然，任正非反对完美主义，但在理念与制度设计层面进行不断地微调、修正、纠偏的反复实验的过程，其实就是在力求逼近完美、逼近闭环。

当然，正如所有的思想家、建筑设计师一样，他们都有点乌托邦情怀，但当转身为实践家的时候，他们面对的永远是制度永无完美，人性充满缺陷。阿Q永远画不圆那个谜一样的圈。

这就是我们接着要讨论的话题——人的异化与制度变异。

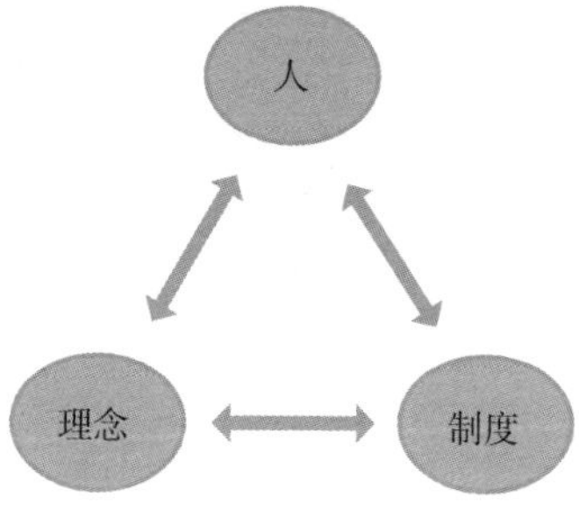

图4　理念、制度、人

任何组织都希望自身在理念、制度、人这三方面做到最好，让这三者能够闭环，但没有任何组织能够做得到。华为过去30多年之所以发展得比较快速和健康，是因为这三方面做得相对好，但也不是完美无缺，事实上一是充满了缺陷，二是在不断地填补缺陷和战胜缺陷，三是缺陷还在到处冒泡。

人性、制度总是在与时间赛跑。时间是所有完美设计、完美追求的杀手。

人性的复杂性与人的异化

理念、制度、人，这三者什么可以变，什么不能变，什么需要永恒坚守？2014 年，我和乌耀中教授对华为大学高研班的 156 位学员进行问卷调查，得到的反馈居然高度一致，所有学员都认为：核心价值观不能变，且需要长期坚持。

他们的认知为什么具有一边倒的共识？既说明了华为的核心价值观传播得很到位，也反映出他们中的每一位都是核心价值观的受益者。在后面的研讨中，他们也列举了一些生动鲜活的例子，以诠释价值观怎么促进了业务、怎么激发了人的进取精神，等等。

华为的核心价值观正如我们前面所论证的，是建立在对普遍人性的洞察、对商业基本常识的认知、对客户和劳动者的基础诉求和多元诉求的把握之上而形成的一个理念体系，事实上它也是“放之四海而皆同”的真理。它是普遍常识，所以它是真理。

我曾问过任正非，怎么看待有的中小企业家一个字不改，把华为的核心价值观变成了自己企业的价值观。任正非答：“有什么不可以？那又不是我们的创造，我们也没申请专利。”

很显然，这 3 句话具有普适性和普世性。自新教革命以来，500 年来的商业繁华、科技进步和工业发展说白了就是坚守了这一常识，今后的 500 年、5000 年仍然只能坚守这一真理，前提是商业活动仍然存在。

那么，变的是什么？人与制度。

我们在前面一再讨论到人性的两重性、两面性：天使与魔鬼，也讨论到人的欲望追求的正当性与非正当性。什么叫好的管理？就是要最大程度地张扬人性中的光明面，让天使翩然起舞，最大限度地扼制人性中的黑暗面，使魔鬼被降伏。从商业管理的角度来换个说法，就是要最大程度地激发个体对财富、权力、成就感的本能或理性的诉求，同时最有效地管控个体对欲望的过度追求、无边追求和不择手段的追求。所以，制度在组织管理中自然就拥有了至高的地位。

优良制度的第一属性是解放人、激励人，给人自由；第二属性是管控人、约束人，使人不舒服。

制度的两重性是一个悖论，一个统一体，即将自由置于秩序的根基上。

然而，人又充满了变化。同一个人在某一情境下是理性人、是天使，在另一情境下却又是冲动的魔鬼；在某一角色中是冲锋在前的战士，在另一角色中却是尸位素餐的官僚。而更值得组织领导们关注的是，时间演进带来的人的异化——曾经的奋斗者成了腐化者，曾经的英雄成了懈怠者，曾经的改革者成了改革的绊脚石。

结合华为，我将这一异化现象进行了简化归类："秀才—战士—枭雄"，这是第一类人的成长路径，他们从学校一毕业就进入华为，单纯而富有激情，华为用一套激进的文化和激励的手段将他们打磨成了战士，但由于原始积累期的制度体系薄弱，江湖色彩浓厚，他们在为组织建功立业的同时，也成了一方诸侯，成了抗拒制度约束的枭雄，与华为成了"半路人"；"秀才—战士—英雄—懈怠者（腐化者，或懈怠与腐化并存）"，这是第二类人的成长路径；"秀才—战士—枭雄—英雄—懈怠者（或腐化者，或懈怠与腐化并存）"，这是第三类人的成长路径。这三种类型的人都曾经是华为的贡献者，甚至是卓越贡献者，但走到一定阶段，他们就不再有贡献了，甚至成为企业的负资产，或发展的阻力人群，那么他们就只能挪窝或解除与组织的契约关系。

这是我从一些具体的人的变化中勾勒出的几幅粗浅、简单的画像，这样的画像我还可以描绘出几种，包括"秀才—战士—英雄—领袖（科学家或专家）"这一类人。他们是在几十年的血与泪的奋斗中与组织共成长、共命运的一类人，是一群较少被异化的、本色的奋斗者和使命主义者。

大到国家，小至家庭和个人，都永远面对着一个令人不安的诅咒：资源诅咒。一穷二白、一贫如洗逼出团结奋斗，奋斗造就繁华，而繁华又带来腐化与懈怠。

制度异化：令人不安的宿命

制度是有品格的，它取决于企业领袖的人格特质和企业员工的群体特质。如果企业家缺乏同理心、平等意识，认为人是可驯服的动物，这家企业的制度要义更多的就会是控制，而不是激励。

任正非身上有很浓的英雄情结和牛仔精神，他从来就不是一个循规蹈矩的人（少年时他是个孩子王，经常领着一帮孩子爬树掏鸟窝），在掌舵华为的过往30多年中，虽然他崇尚秩序，但客观而言，他更推崇自由精神，更喜欢打破一些束缚人的自主性和创造性的条条框框。

是被管理还是愿意被管理，任正非显然更倾向于追求后者。

任正非这样的选择是对的，这既发乎于他的个性与人格特质，也顺应了19万名知识型劳动者群体的普遍特质。知识型劳动者的欲望诉求是多元的，但他们都追求独立人格和向往自由，渴望在一个宽松的环境中实现自我价值，越是精英人才越是如此。正像一位华为技术专家说的，“此处不留爷自有爷去处，我绝不在一棵树上吊死。如果我的脑袋被一堆教条禁锢死了，对我是浪费，对华为是浪费，对社会也是浪费，那我还不如离开，我有权力决定我的大脑和谁去合作”。这样的观点是有代表性的，它事实上规定了华为这家科技型企业必须和必然遵从的制度设计原则：以最少的必要管控保证人的自由创造。

华为的制度建设经历了一个从无到有、从简到繁、从不完善到叠床架屋的螺旋式过程。原始积累期，华为的制度是高度自由的、无序的、混乱的，它的确带来了华为的快速成长，也有可能将华为带向分裂和动荡。矫枉过正，华为花大价钱向美国、英国等西方国家的公司“买观念”“买制度”“买流程”，先是削足适履，“穿一双美国鞋”，再结合自身情况逐步固化和优化，使华为形成了一套与西方公司几无差别、甚至更具活力的制度体系。我的一个形象比喻是，这套制度链条是 A → B → C → D，秩序环节明晰，简约有力，秩序格子之内空间宽阔，也有弹性。

但是，一旦有了制度，就有了一群制度的“造门人”和“守门人”，他们是制度设计专家，普遍拥有一种发现“人性恶”的强大直觉和洞察力，所以他们偏好于发现漏洞和堵漏洞。而且他们是被挑选出来的一群优秀的人，拥有使命感和责任感。于是，你会发现，随着时间的推移，制度中管控的链条变得越来越长，更趋完善、精细和严密，变成了A1→A2→A3→A4→B1→B2→B3→B4→C1→C2→C3→C4 → D1 → D2 → D3 → D4，这就像在辽阔的马场竖起了无数的笼子。

野马套上缰绳就是战马，战马在有边界的原野奔驰，就是在秩序的轨道上冲锋作战。然而，当战马被圈在了笼子中时，它要么挣脱离去，要么就异化成金丝鸟，花言巧语以取悦他人，唯独不创造价值。到此为止，良制退化成了劣制、恶制。

良制向恶制的演化具有普遍性和宿命性，这也是为什么许多曾经无比伟大的西方公司最后都百疾缠身的重要原因之一，比如诺基亚，比如华为的老师 IBM。企业历史久了，规模越来越庞大，管理貌似越来越规范，而实际上是制度中两种力量在此消彼长，助长自由和创造的制度因子在衰减，管控的因子在急剧膨胀。制度格子化、异型化，惩治至上取代发展第一，挑错和不犯错成为潜文化，冒险与创造精神被压制，导致的结果是组织活力大幅降低。

然而，归根结底，活力才是组织之魂、良制之魂。

2009 年前后的华为，正处于这样的制度僵化的前期，也正是在这一年，任正非对管理层发出警告：你们要眼睛盯着客户，屁股对着老板。华为新一轮的组织变革、制度变革开启于 2010 年，当下正处于变革的深水区。这次和今后变革的长期宗旨是：简化管理，多打粮食。

并非题外话：关于管理与过度管理的辨析

这两年，有一些观点甚为流行：管理大于经营会影响企业发展是一类，重文化、轻管理是一类。类似观点的文章在华为内部也引起过巨大争议。有一位华为高管问我怎么看，我的回答是，这至少是概念上的混淆。

管理是与低效和无效经营进行斗争的工具。企业家和企业内部的全部活动本质上都是管理活动，包括文化建设、制度建设、组织建设，最终都要落实到面向市场、面向客户的经营活动中。文化有好有坏，制度有良有劣，组织有强有弱，队伍有优有差，这些从根本上决定了一家企业经营上的成败。

中国企业现在经营上存在的问题绝大多数不是管理大于经营，而是管理远远滞后于市场、滞后于经营。许多企业在所谓的“机会窗”时代，萝卜快了不洗泥，一味想着抢风口，把几乎全部战略资源都押注到外部、押注到市场的单边突进上面。然而，司空见惯的情形是，当欢呼声四起时，企业内部却危机四伏。华为早期 10 年所经历的管理困境相信正在诸多中国民营企业身上重演。

对任何一家企业来说，从无管理、弱管理向管理规范化演进，都是不得不过的生死坎。事实上，大多数中小企业不是夭折于经营，而是没有能够度过原始积累期的管理缺失所带来的组织动荡。而一些经营了 20 年以上的规模性民营企业，前 20 年之所以侥幸活了下来，是因为普遍抓住了政策红利，再加上创始人的运筹能力、运气，以及稍微像样的管理。但 20 年之后的今天，这些企业包括一些明星企业大多步履维艰，前面提到的三大因素都在逐渐消失。企业和企业家们面对的是真正比拼竞争实力的时代，而所谓竞争实力，归根结底是管理实力。

管理实力体现在：文化实力、制度实力、人才实力和领导力。不客气地说，大多数中国企业并不具备这样的管理实力。当下的现实是，过去几十年的粗放型经营已不可持续，而不可持续的根因是管理的普遍落后、管理普遍滞后于经营。为什么改革开放 40 多年了，我们在全球500强中的企业数量仅次于美国，而真正经营走向全球化的企业却只能以个位数计？这一问题本质上就是管理的薄弱，是管理在理念和制度层面与西方公司的巨大差距。这是我们必须要有的清醒认知。

的确，有少数企业貌似存在因为管理过度而导致陷入经营困境的情况，但这是一个似是而非的结论。前不久，我去华为北京研究所交流，那里的负责人告诉我，研发员工晚上常加班，所长和人力资源主管经常晚上10点左右去看望大家。我将此信息告知任正非，任正非说，“你告诉他们，要给大家送点吃的喝的，每人送一杯咖啡，罐装咖啡也行”。我回答，他们是这么做的（似乎该所前面送了别的，没送咖啡）。20多年前，任正非经常晚上10点左右到华为研发办公室，和大家“吹牛”“画饼”，展望未来，也会吆喝大家出去吃夜宵，或者在每个人桌上放一个汉堡和一罐可乐。也有人回忆说，老板会给大家炖一大锅汤带到办公室（此说有人存疑）。

这是管理吗？当然是。这样的管理多点好还是少点好？当然是多点好，多多益善。

管理包含一套理念体系、制度与流程体系，同时它也是一连串的管理动作的连续体。关键在于：第一，知行合一。制度忠实于理念，管理行为忠实于理念和制度。第二，理念必须是对的，制度必须是良制，管理行为必须服从于企业的价值创造，服从于激发人的主动性与创造性，服务于组织的健康发展。

我们在前面讲到制度的第一属性是激励人、解放人，第二属性是约束与管控。良好的管理无疑是在释放“人性善”与约束“人性恶”两方面达成了动态平衡。这样的管理具有使命性和长期性。因为事实上，人会变，制度会自演化，良制很容易失去弹性、丧失活力。制度的第二属性常常会掠食第一属性的空间，使管理在不知不觉间成为管控至上，控制成为目的本身。这样的管理不是所谓“管理大于经营”的问题，而是管理的扭曲和变形，是良制向劣制、恶制的异化。

管理异化主要表现在 3 个方面：一是制度从双属性大幅倾斜为以管控为主，管理者的行为模式趋于防御和保守，趋于安全第一，趋于卫生型和防卫型，无限放大人性恶的一面，花大功夫围剿并企图消灭一切组织病菌，而不是以解放生产力为主要指向；二是管理流程日趋复杂严密；三是大多数管理者追求过程最优，为过程负责而忽视结果导向，从“以客户为中心”变异为“以过程为中心”。

还必须看到的是，许多企业的所谓“管理大于经营”其实是一种伪现象。表面上管理制度叠床架屋，规章、规则一套又一套，但由于缺乏顶层设计，不愿意投入成本“买管理”，或者企业家本人自以为是，拒绝拥抱科学管理，导致企业常常左边漏水，右侧补洞，一人患病，人人吃药，管理制度与管理行为充满了矛盾、冲突以及盲目性和随意性。

更要命的是，这些企业虽然有成摞的制度条文，却没有鲜明而系统的文化理念做统驭，所以这些制度条文只是一套乱麻式的条例、规则，一套不成体系的工具箱，这样的管理仍然带有浓厚的原始积累期的痕迹。

是因为管理的落后（弱管理或乱管理）而不是“管理大于经营”造成了许多企业的困境，这才是中国企业今天普遍存在的基本现实。

至于“重文化、轻管理”的说法，显然也混淆了文化与管理的基本概念。文化只是管理的一部分，管理涵盖文化。

第8讲

理念·制度·人
（末篇）

自我批判与变革

“制度的批判”与“批判的制度”

尼尔·弗格森在《文明》一书中将现代西方文明归功于“六大杀手程序”：竞争、科学发展、财产权、现代医学、消费社会以及现代职业伦理。除此之外，他认为，更重要的一点是西方的自我批判精神，“不管是在哪里，只要西方发现或者携带去了任何疾患，它都会及时地对症下药予以根治”。

支撑华为30多年快速崛起的是一套闭环机制：基于人性的理念体系（华为的核心价值观就是华为人的职业伦理）、基于理念体系之上的制度与流程体系，以及基于理念和制度两大支柱之上的19万名优秀员工。但是，正如我们前面所论述的，人会变异，制度会异化，核心价值观也有可能会被扭曲、被束之高阁，成为轻飘飘的口号。因此，自我批判这付“药”就显得无比重要，借用弗格森的话做点修改：不管是在哪里，只要华为发现或者携带去了任何疾患，它都会努力地对症下药予以治疗。

在自我批判这方面，华为并非被动为之。任正非在华为创立之初，就以各种各样的方式，明确要求管理者和员工要有自我批判精神，鼓励员工敢于冒险和试错——“不要脸才能进步”，同时要勇于和善于自我反思、自我纠偏（见附录 4）。这样的理性自觉应该归功于军队生涯和中国的执政党文化对他的潜移默化的影响。

中国共产党和中共军队最为宝贵的传统之一就是自我批判精神。自我批判也是一切伟大民族、伟大组织、卓越企业的法宝之一。

华为的自我批判有 3 个指向，一是捍卫核心价值观。既然华为核心价值观已经成为 19 万华为人的集体共识，是经过长期打磨、检验之后形成的大家公认的永恒理念，那么是否就真的一劳永逸了？非也。明镜勤擦拭，也免不了会蒙尘。人性使然，热力学第二定律使然。比如人人都认可并拥护“客户是华为存在的唯一理由”，所以任何人、任何部门都理所当然地要坚持“以客户为中心”，但事实上总有人想着法子“以领导为中心”，总有一些多余的“盲肠部门”既不直接打粮食，也没有间接地围绕客户为组织创造价值。

组织中永远有一种或明或隐的逆向力量，他们总是以不同的表现方式自觉或非自觉地腐蚀、抵抗、扭曲企业的价值观，使“以客户为中心”滑向“以老大（各层级的‘老大’）为中心”，“以奋斗者为本”退化为“股东利益最大化”，“长期艰苦奋斗”演化成腐化与懈怠。这些可能的变化都不会在一朝一夕间突然发生，而是一个渐变的过程，是一种于无声处的细流涌动，如果组织领袖们缺乏对历史兴亡律的系统认知，缺乏对组织异化规律的把握和警惕，就很容易掉入“成功是成功者的滑铁卢”的陷阱。

自我批判既是领导者、管理者们耳边的警示器，也是核心价值观的守护神，常用之，善用之，价值观才能不走形、不变样。这在事实上也就规定了企业家和领导者们的天然使命：神经一刻也不得松弛，永续思考与持续奋斗，与热力学第二定律赛跑。

华为自我批判的第二指向是制度纠偏。制度生而就是要被遵从的，但也许由于制度自身的缺陷或执行偏差，或让自由惯了的人感到夹脚，因此制度常常会遭遇某些人的抵抗，或者被变通实施、打折实施。这对组织来说是一种根本性的挑战。组织唯一正确的选择只能是捍卫制度的神圣性和刚性原则。IBM、合益集团在华为进行制度和流程变革时，华为高层的立场非常鲜明：先僵化，后优化。适者留，不适者则去。20 多年来因排斥或抵制制度建设和制度变革，甚至持消极被动态度的不少高管、中层干部都被挪位或降职。

自我批判在维护、捍卫制度的刚性原则方面更多的是发挥纠偏作用。这就涉及它的第三个指向，即领导者、管理者的自我反思。这种反思首先要成为一种高级干部们的思维定式，也就是要将它内化成自身一种本能，一种源自神经元网络的条件反射能力，人类组织史上许多卓越的人物都拥有这种思维品质。它有一点先天性，但更主要的是后天的挫折与训练带来的。这样的机制在任正非身上表现得很突出，他会习惯性地用自己的左脑批判右脑，用右脑修正左脑。也就是说，他除了在价值观方面近乎偏执地坚守以外，在许多具体问题上，包括某个观点、某项决策甚至战略与战术，一旦在集体讨论中被多数声音质疑，他一般先是坚持自己的想法，同时也会吸收大家的意见，选择妥协或自我否定。

任正非每天最重要的工作之一就是与各种不同的人喝咖啡，虽然他总是滔滔不绝地“主讲”，但你会发现，只要他认为某个人的某个观点、某句话重要，就会很快地将之融入自己的话语体系中，而且还不忘说“这是 ××× 的思想”。而且，任正非很突出的思维特征之一就是敢于和经常承认“我错了”“我们错了”，他也很欣赏拥有这种思维品质的干部。余承东因为某件事犯了错误，不但写了很长一篇检讨信，还主动提出降职级和降薪，任正非评价说：“余承东是大英雄！能够坚持自我批判的高级干部就是领袖。”

领袖还必须容忍和鼓励员工向自己开炮。华为《人力资源管理纲要 2.0》第二期研讨会期间，30 多位高级干部连续 4 天，从早到晚密集炮轰公司的各种问题，有不少是对着常务董事、轮值董事长们开炮的，也有不少是对任正非开炮的。我全程参加了 4 天的研讨会，耳边从早到晚听到的是炮轰声。参会的“蓝军司令”潘少钦将与会者的代表性意见梳理了 10 条转给任正非，任正非当即指示，将文章在心声社区公开发表，让 19 万名员工又参与到批判活动之中。

此文流传到外部网络时，被改题为“任正非的十宗罪”。

心声社区：企业民主治理实验

自我批判、变革、创新是人类最伟大的三项思维工具。然而对于绝大多数个体来说，其本质上是抗拒变化、拒绝自我露丑的。自我掩饰与自我粉饰是人的本能，而自我批判、自我变革则是反本能的。我们当然期待组织中的多数人尤其是管理者拥有一种“左脑与右脑相互警惕”的思维品质和理性自觉，期待在整个组织中形成从上到下的批判意识和批判自觉，但事实上很难做得到，即使像华为这样的公司，30 多年来公司内始终弥漫着浓厚的自我批判氛围（与长期艰难的外部环境有很大关系），但在发展顺利时也依然会滋长自大与傲慢，所以华为在倡导“制度的批判”（包括对理念异化、人的异化的批判）的同时，更重要的是构建“批判的制度”，将自我批判制度化。

华为过去 30 多年在这方面进行了许多探索。比如，以常务董事会决议的方式明确规定，AT 团队必须每 3 个月开展一次民主生活会，并要求管理干部勇于批判组织，批判自己，“对干部作风、品德问题绝不妥协”；常务董事会每半年召开一次民主生活会；研发体系建立红、蓝军机制，公司成立专门的蓝军部门等。过去很长时间蓝军部主要职责是在技术与产品方面发出不同声音，2015 年以来，蓝军部的雷达扫描范围扩大到了公司的方方面面，包括对激励机制、战略、用人体制、领导作风等进行深度反思，向高层团队输送了一批高质量的、尖锐而理性的批判性文章，任正非或常务董事会又将其转发给一级团队或三级以上团队人员，让数百上千位高管卷入更大范围的自我批判活动中，既形成广泛的警醒，又融汇集体智慧进行反思和纠偏。

当然，更重要的是华为将自我批判和自我纠偏体制化——从上到下、从左到右的“三权分立”体制，使得人人有权、人人权力有限、人人权力被监管。当然它的弊端就是这种体制在越来越完善的同时，可能变得越来越僵化，让干部产生无力感。事实上这样的抱怨已经出现了。

自我批判制度化的另一个重要举措是华为在2008年创建的内部网站——心声社区。我倾向于认为，它是一家高科技企业所进行的民主治理实验，也是探索在互联网时代如何管理知识型劳动者的一种创新性的探索。心声社区过去十余年发表过若干篇对公司某些现象、某些部门、某些领导者尖锐批评的文章（见附录4），也引起过19万名员工的围观和广泛争议，但心声社区也在很长一段时间内成为中高层管理者争议的焦点：这不是电子大字报吗？这不是在损害管理者的权威吗？这样大尺度的批评言论不是在破坏公司的形象吗？等等。尤其是有些获得了基层员工强烈赞同的文章，其中的事实却是片面的、不符合实际的，明显误伤了被批评对象，所以有一个阶段，心声社区让各级主管心理压力很大，同时也颇多不满。怎么办？华为的高层领导群体顶住了压力，任正非说：“让人说话，天不会塌下来！真理会越辩越明……”

曾经，一位地区部主管想查询某篇匿名批评文章的作者的工号，心声社区负责人将此反映给任正非，任正非答："把我的工号给他。"

心声社区被华为人称为"罗马广场"，它是 19 万员工思想、信息、声音的集散地。2013 年以来，随着华为管理日趋开放和透明，公司几乎绝大多数文件和高层领导讲话都在第一时间发布于心声社区，由 19 万员工评头论足，百花齐放，科学争鸣，人人都可以在这个虚拟广场实名或匿名对公司的诸多政策、决定、高管们的言论与行为发表文章或短评或跟帖，但也要看到，它仅是一种议事民主，而不是投票民主。这既达到了集成众智和纠偏的功效，又防止了因民主的泛滥而导致的决策的涣散和战略意志的消解。

与此同时，"罗马广场"既是企业政策、制度的辩论场，也是正能量的传播场。心声社区这些年发表了数百个华为人奋斗的故事，每一个故事的背后都是一个或一群小人物的传奇。正是这些小人物、19 万个小人物在全球每一个角落的英勇奋战，才创造出世界通信产业的一部大历史。作者无不是亲历者，所以他们的故事总能在 19 万员工中引起强烈共鸣。

心声社区也是一种大众监察力量。19 万双眼睛在盯着任正非，盯着公司的高层管理者，盯着各个体系的中基层管理者。三位轮值董事长被炮轰过，多数董事、产品线主管、研发主管、地区部总裁被炮轰过，任正非的讲话或文章也经常被员工跟帖批判。华为一位高管评价，过去有人私下抱怨或抵制心声社区，现在大家都开始关注心声社区的动向，尤其是关注心声社区对自己主管部门的评论了。你做对了什么没人在乎，但你做了错的决定，犯了大的错误，就免不了会被员工评头论足，甚至被骂得狗血喷头。这就是民主的力量，是华为走到今天最需要的力量。另外，如果员工不骂公司了，不批评公司领导了，鸦雀无声，说明员工抛弃公司了，这对华为才是真正的灾难。

通过心声社区这扇“透明门”，19 万员工成为华为文化、核心价值观的守门人。

心声社区在争议中逐渐获得管理层和员工的广泛认同，得益于华为高层确定的几个“不”：不扣帽子，不打棍子，不准打击报复，也得益于心声社区管理者的独立性和对舆论边界的把握能力。这是很值得研究的一种企业民主治理的技术方略。

心声社区也成了华为的“人才发现池”。任正非说，“我从员工的跟帖中看到的是将星在闪耀”。任正非经常关注心声社区上的代表性文章，尤其是后面的跟帖，有些代表性的、有见地、有争论的跟帖汇编也会以总裁办（有时加总裁办编者按语）的名义再次转发，以引起大家进一步的讨论。

任正非多次说：“我经常看心声社区，表扬华为的不看，我只看骂华为的言论。”

华为总干部部部长吕克也经常看心声社区，并从一些有见地的批评文章中发现人才，把其中一些有真知灼见的基层员工上调到秘书处或者咨询委员会。任正非对此很认同：“这个做法好！从心声社区上找骂华为的人，把他们从航母上转到五角大楼，过一段再送回航母上去作战。”

的确，这几年，一些优秀的基层员工、基层主管因为在心声社区的发帖被发现，从而被破格提拔或破格使用，当然，“先提起来，实际能力跟不上，大不了再回原位，总比让将星被埋没好，十个有三个称职的，就是成功”（华为一位高管言论）。

从小岗村到“大岗村变革”：让原子裂变

2018 年 12 月 5 日，任正非出现在阿根廷的 Llao Llao Resort, Golf-Spa 酒店，华为在这里召开变革研讨会。这一天和这家酒店，注定要浓墨重彩地载入华为的历史册页。4 天前，华为 CFO 孟晚舟在从加拿大转机阿根廷时，被加拿大警方拘禁，任正非在获知消息后却依然冒着风险飞赴阿根廷，很多人包括我都曾劝他放弃此行，他的回答一点不容商量：“去，肯定要去！”

研讨会开场，任正非发表讲话：“华为已经创业 30 多年了，要改革了，不打破过去的条条框框华为就要死了……”可见这次的变革研论会在他心目中的分量有多重。变革的主题是“合同在代表处审结”。貌似平平淡淡的 8 个字，背后却隐伏着一场巨大的管理变革。

有学者认为，中国历史上大多数的改革都失败了，只有商鞅与邓小平发动的改革成功了。商鞅从废除井田制起步，邓小平从联产承包制开始，改革的切入口都很小，但切入到了根本：解放人，让底层大众对财富、对自主权、对成就感的欲望得到有效释放和满足。主导华为变革试点的拉美大区总裁从中得到了深刻启示。

“一线员工什么时候最开心？能自己决定自己的命运，能算出自己的收入，自己的工作能够通过数字化呈现出来，而不是领导说了算”，“历史上千军万马打仗，一个士兵死了，从不会被历史记载，领两块大洋抚恤金就完了，这是绝大多数人没有激情的原因”，这两段话代表着两种不同的分配方式，背后隐藏的是不同的管理理念和组织制度。“合同在代表处审结”的变革方向之一是前者，是“朝原子能力上打”，“不直达原子能力，怎么能触碰到灵魂”，代表处也不是原子，“代表处下面还有四层才能到原子”……

变革试点在拉美的两个代表处展开，拉美的主管们将其称为“大岗村变革”，对应于1978年中国安徽省的小岗村改革——正是小岗村的“村自为战，人自为战”的改革之火，最终烧遍了整个中国，14亿人的“原子能”实现了裂变或聚变。40多年后，一个古老而贫困的民族以现代化的姿态再度崛起，人民也普遍从改革中受益。

华为阿根廷变革研讨会的最后一天，形成了《合同在代表处审结决议》，100字不到的文件核心内容是“在资产包约束和粮食包激励下，自主经营，自主运作，充分激发我们的创造活力”，任正非等参会的59人仿照小岗村的18位村民，在决议书上按下了鲜红的手印。遗憾的是CFO孟晚舟缺席。

华为是一家科技工业型企业，正是遵循着以 IBM 为代表的西方现代工业企业的管理理念与制度逻辑，华为从混沌的、无序的、准作坊式的小公司彻底转型，20 多年来，逐渐构建了一整套的标准化、规范化的制度与流程体系，再加上它自身的一些创造、一些“打补丁”的管理动作，使得华为这个 19 万人的大组织演化成了一支类军队的商业军团，既有强悍的战斗力与凝聚力，又有高度的秩序感，这是华为全球化成功的根本所在。

然而，正如我们前文所讨论的，组织演进有一条基本规律，就是任何好的理念、优良制度包括优秀的人都很难逃过时间的腐蚀。IBM 是华为的老师，但 IBM 现在百病缠身，华为岂能做到百病不侵？大企业病是组织规模和组织历史的必然产物：规模大了，历史久了，组织疲劳与人的懈怠必然会滋生，管控目的化、流程网格化、决策矩阵化、员工螺丝钉化……久而久之，一个曾经生机勃勃又秩序井然的组织就会日趋僵化与走向衰变。华为正行进在诸多西方大公司走过的路上，虽然它仍处于大企业病的初中期。

过去 10 年左右，围绕“简化管理”的主旨，华为开展了一系列的管理变革，包括受特朗普竞选演说启发，实行“日落法”，对历史上的各类规章制度、文件、决议等进行全面清理，“出台一个新文件，废除两个旧文件”，也包括在广州代表处进行简政放权试点改革，以及建立战略预备队等。总体上看，虽然都取得了一定成效，但正像一位参与变革的主管无奈所言：“每次变革声势很大，一个阶段的确有变化，不过很快问题就又卷土重来。”

中台转型：从“司令员”到“司令员的炊事员”

连续 3 天，我与《华为人》报总编访谈了华为拉美大区的多位变革主导者、执行者和参与者，我的感受是：“合同在代表处审结”的变革对华为来说，也许预示着一次组织蜕变、制度蜕变、人的蜕变，对战胜大企业病是一种革命性的实验。但其源头却是“回到初心”，回到任正非早期创立华为时的思想原点——用基于人性的理念和好的分配制度让有饥饿感的人群有满足感、获得感。

“打不打仗，一线说了算；怎么打仗，一线说了算；打完仗怎么分，一线说了算”，这几句话虽然偏颇了点，但这就是早期 10 年华为的市场运作模式，也是“合同在代表处审结”变革所要追求的方向。有人担心，这样会不会导致代表处的短期行为最大化，导致竭泽而渔？原哥斯达黎加代表陈世卿的感受是：“权力越下沉，我们的压力越大，越不敢滥用权力。试点第一年，大家积极性很高，业绩突出，年底的奖金包比上一年高出 3 倍，我们坚持只拿 1.8 倍，还得为明年留出更多的激励资源，万一明年外部环境变化经营下降呢。”

“做强子弹头”，这是任正非和华为高层领导们在 2019 年多次喊出的变革指令，从市场的角度也就是指“做强一线，做强代表处”。代表处一是要成为真正的精兵组织，二是要有足够的决策权和作战权、分配权，三是要呼唤和指挥后方“向我开炮”。

大企业病和一切大组织病一样，普遍的问题是“肠梗阻”——“八纵八横”、层叠交织的业务管控、产品管控、职能管控，将一线的手脚捆得死死的，使原子裂变的可能性变得微弱了。“合同在代表处审结”的变革带来的变化是：地区部这个庞大的机关必须向“中台”转型——从领导与管控的角色向指导与服务的角色转型。代表处成了牛鼻子和龙头，代表处和一线员工决定“中台”的职能配备、专家配备、工作效能以及评价体系，包括奖金分配，等等。也就是说，利益的分配权掌握在打粮食的人手中，“官僚”自然就转身成了“仆人”。办公室中看不到将军的身影了，将军回到了前线，与“少将连长”“中将连长”们并肩作战，专家也不再纸上谈兵，而是奔赴“战壕”与一线员工、与客户面对面分析问题，解决问题，实现了个人角色的转换。

另一方面，也是最根本的变化是，“肠梗阻”被打通了，地区部转型为数字化、服务型的枢纽港，成为一个能力与资源的集散地，把公司全球的“原子能”根据一线的需求进行有效整合，以更快、更好地响应一线炮火。一线代表处是一国一策、一客一策、千客千策，“中台”必须能够做到策策呼应、机动呼应、快速呼应。

这就是任正非理想中的八爪鱼组织，每一只爪都有一个既独立又与组织主体有联系的小脑，既能自决策、自指挥、自行动，同时神经网络直达中台，通过中台枢纽，四通八达地对接华为的各种资源平台。

这样的改革一旦真正成功，华为也许就演进成了“打不死的华为”，全球上百个国家代表处无论在平时、在战时都是作战部和指挥部，即使进入危机状态、战时状态，即使组织的某一部分陷入瘫痪，其他部分照样能够健康运转。当然这仅是变革的附带成果，变革的根本目的是战胜大企业病、与制度衰变和人的异化赛跑，实现组织的活力永续。

本书付印之际，我读了美国前参谋长联席会议主席马丁·邓普西所著的《打胜仗的思想》一书。邓普西在美军中倡导和推行的军事组织变革的指导思想、方向与举措，和华为今天所进行的企业组织的变革理念一脉相通。我在多篇文章中讲，军队是最古老的非血缘组织之一，军事组织变革历来是一切组织变革的先声，因为军队是与死亡对抗的组织，所以“打胜仗的思想”从来是军队至高的信仰。为了不死去，为了活下来和活得更好，优秀军队就必须不断因应内外部环境的变化进行组织革命。我在《华为：企业文化的胜利》一开篇就讲到“蜘蛛网组织”，认为它是优秀组织的经典模本。但是，它是工业时代、十进位时代的卓越组织的形态，在数字化时代和二进位（计算机加互联网）时代，在一部手机可以掀起一场组织风暴、社会风暴的时代，组织必须重塑自身的文化与组织架构，尤其是要重塑领导力。邓普西受到一位上尉的启示，读了一本书：《海星与蜘蛛》——“如果砍掉蜘蛛的头，蜘蛛就会死。如果砍掉海星的胳膊，它会长出来”，

“与海星的搏斗越剧烈，它就会变得越分散，从而也就变得更具弹性和适应性”。邓普西从中得到的启悟是，要在蜘蛛型组织和海星型组织中寻求结合。

任正非这几年多次讲的八爪鱼组织与海星组织大致相同。

在探讨地区部变革时，任正非调侃拉美大区总裁说，“不要总是想干大事，还是要把代表处的变革做扎实”，并开玩笑地手书：“任命你为印太片区司令员的炊事员——任正非。”

任正非的意思很明确，片区要彻底转换职能，首先是片区司令和主官们要转变角色，从指挥向服务和协调转型，同时也要构建有效而简明的管控体系。管控的目的也同样是为了多打粮食、合规地打粮食。在拉美片区的中台变革实施一年之后，地区部负责管控的人员仅有 30 多人，其他人都分流到了服务体系。

当然，变革最终能否成功，还需要结果去检验。但变革是长周期的，KPI（关键绩效指标）是短周期的，单纯用短周期的 KPI 检验长周期的变革也会不利于变革的健康进行。在这一点上任正非有清醒的认知和足够的耐心，他多次指示片区的变革要敢于打破过去的条条框框，只要方向正确，想怎么改就怎么改，鼓励他们大胆试错，深入一线做验证——变革主导者们只有双手沾满泥，才能不走弯路，不虚飘。

同时，任正非坚决反对变革中的教条主义和花里胡哨的理论，多次对推动片区变革的主管们说：“给我最原汁原味的纪要，你们不要花太多的时间在理论完善上，要用数据和结果说话。”

“大岗村变革”对华为走出大企业病，是一个具有决定性意义的探索。但变革最终能否成功取决于多重因素，除了以上讲到的两大因素以外，还包括内外部环境的变化、变革主导者对节奏的分寸拿捏、上上下下对变革试错的包容度与忍耐度，以及高层领导群体对变革方向的普遍共识与坚守，同时还必须有一套方法论——宏大叙事往往毁于细节之中，中外变革史上这样的教训和例子比比皆是。[①]

小结 “开企元勋”们的使命：建构理念与制度探索

过去 15 年，也就是华为实行轮值 COO、轮值 CEO、轮值董事长制度以来，任正非基本上从事务性工作中解放了出来，成了一位真正“仰望星空”的思想型企业家，无论是出差，还是在公司，花大量的时间与内外人士一起喝咖啡，“吸收宇宙能量”的同时，也在充分释放他自身的“思想能量”。而与此同时，他的另一项重要工作就是修改文件。

早晨 8 点到 9 点是一个人一天精力最旺盛、大脑最活跃的时段，任正非将这段时间用来修改文件，可见文件在他眼里有多重要。而梳

① 关于“合同在代表处审结”的访谈还在进行之中，而且我们还将持续跟踪调研，这里的片断描述主要是为了阐述华为的变革理念和方法论，并非一个完整的案例。——作者注

理过去 10 多年公之于众的数百份文件，你会发现这些文件中涉及具体业务的内容很少，大多是关于制度建设、组织建设、文化建设方面的纪要、决议或讲话；而任正非主持、列席、参加的一些会议，包括常董会、战略务虚会、主题研讨会、民主生活会等，讨论的大多是宏观层面、制度层面、战略层面的话题，或者本来有一个具体的主题，但任正非在发言时总会“跑题”，他会时不时讲到中外历史尤其是军事史上某个案例、战例，或其他貌似与华为无关的信息。你如果第一次听他讲话也许会感觉云里雾里，然而放在半年甚至更长的时间去看，你会发现在他不断重复讲述的案例、故事、观点的背后，始终有一个坚定的逻辑脉理，这个脉理基本上都是关于文化与制度变革方面的思考。

华为的董事会、监事会成员，以及地区部总裁、产品线主管、职能体系的高管，大多既有很强的实操能力，又同时拥有一个突出的思维特征：宏大叙事。这和他们善于学习、广泛阅读以及在世界级舞台上与世界顶尖领袖们的交流有绝大关系，同时也与他们自身的使命精神密不可分。使命感是高级干部必备的选拔标准之一，华为明确规定高级干部“不能自我设计人生”，他们必须对华为的今天和未来承担使命。

很显然，任正非和第一代的“开企元勋”们不仅要始终面对“活下来”的问题，还必须真正负起从理念、制度、机制层面确保华为基业长青的历史责任。尽管一代人有一代人的承担，但对打江山的创始一代来说，文化与制度的奠基工程才是他们最根本的使命。因此，他们必须有开放的格局和更宽阔的视野，从古今中外的观念史、制度史中汲取营养，并结合华为自身实际，进行一系列创造性的探索。

华为在 2018 年新一届股东代表大会上通过了《华为公司治理纲要》，它的形成过程就是一个企业制度设计的经典案例。《华为公司治理纲要》起草小组成员阅读的历史文献包括英国的君主立宪制、美国宪法及其制定过程、中国的御史制度、中共和中国的国家治理理念和治理体系、欧美国家和日本一些历史悠久的大企业的不同的治理机制等，仅阅读的书和资料就达几百万字，同时他们还要与华为内外人员进行大量访谈，在此基础上一遍又一遍地输出文稿，一次又一次地小范围讨论、修改，再扩大范围讨论、修改，进一步扩大范围讨论、修改，最终提交股东代表大会讨论、修改，表决通过。整个过程长达两年左右。

“合同在代表处审结”的变革，其实早在 2016 年首先是 CFO 孟晚舟提出的“通信、差旅和行政三项费用在代表处审结的试点”，2017 年扩大到内部会议、培训、运杂和物料消耗四项费用在代表处审结，经过两年的放权试验，明显提升了管控效率，也调动了一线的工作主动性和积极性，在此基础上，2018 年，常务董事会才真正形成决议，进一步将合同审结下放到代表处，并试点将其作为战胜大组织病的核心突破口。从点状试验到条状试验，再到网状实验，从舆论发动到形成变革理念，再到全面推开，是华为制度变革、组织变革一以贯之的方法论。

华为的以核心价值观为轴心的理念体系，经过 30 多年的不断修正、冶炼、丰富，终于结晶为一个基于普遍人性常识、具有清晰指向、逻辑高度闭环的“精神原子弹”，它不仅得到 19 万知识型劳动者群体的广泛认同，而且在实践中一直发挥着巨大效能，并将在未来的历史中持续发挥效能。重要的是如何巩固和捍卫，使之不变形、不走样，或者流于形式化和口号化。

同时，华为的制度体系建设则必须根据企业发展的不同阶段，不断进行微调、纠偏和矫枉，甚至进行根本性的变革。比如从原始积累期的无序混乱和充满活力向秩序井然和有序活力的转型，华为花了大本钱走了一条“全面西化”之路，这是“开企元勋”在华为制度建设方面至为重要的贡献。但发展到今天，如何战胜“西方病”、大企业病，为华为构建面向未来的一套新的制度体系的课题，依然历史性地落在了第一代创始领导群体肩上。这一次制度变革的难度、风险度一点不比上一次低，甚至更难，因为西方多数大公司无不受困于此，华为并无可借鉴和学习的对象（注：也许美军过去 20 年和今天正在进行的组织变革可资华为借鉴。《赋能》一书是华为许多高管反复阅读和讨论的变革教科书，作者同样是一位美国将军），必须在自身的历史延长线上进行孤独地探索。“合同在代表处审结”的变革、中台变革就是值得期待的变革方向之一。

“合同在代表处审结”的变革、中台变革，严格地说，是一种

“有心插柳”式的顶层设计的变革，有改革蓝图和路线图，有基本的方法论，有确定的改革团队，改革的目标宏大而任务艰巨，需要在不断的探索中进行验证、调整、修正，但只要始终坚持放权和还权于基层的原则，坚持解放人、解放生产力的方向，坚持机关从指挥与管控的角色向服务与协调的角色转型，坚持围绕着多打粮食、聚焦价值创造的目标，这样的顶层设计的变革，虽然艰难，但成功的概率还是比较大的。

而在华为，“无心插柳”的源自基层的变革也有一些突出的案例，比如华为 CBG（消费者业务集团）之所以能够在 9 年不到的时间获得显著的成就，除了有一个优秀的领头人，一个好的团队，以及华为公司的技术实力、管理积累、资本的支持，相当根本的一点，是它在组织文化与组织制度上的“回归初心”，“拷贝”了早期 10 年的华为：一是让有饥饿感的人群有显著的获得感；二是简单，简单的组织氛围，简单的组织机构，简单的人际关系，简单的评价标准，简单的分配原则，一切围绕着价值创造，围绕着多打粮食；三是上上下下洋溢着英雄主义气息。

CBG 的“无心插柳柳成荫”的自下而上的变革，有两个重要前提。首先是随着业务的快速扩张，集团对 CBG 的放权力度也在依据变化不断加大，从早期的放开双手到放开手脚再到最后的放开大脑，最后集团在绩效目标责任制的约束条件下，仅拥有账务、资金、审计稽核、法务等几项监管权；其次是 CBG 自身对一线、对基层的充分释权和放权。由此可见，改革最终成功与否，因素固然很多，但还权于民、放权于基层才是改革的根本要义。

作为一家有一定历史和庞大规模的世界级大企业，能否战胜大企业病是华为当下和未来所面临的巨大挑战，因此，无论是顶层设计的变革，还是自下而上的变革实验，对华为的第一代创始领袖们来说，都是在他们退出历史舞台之前必须要扛起的艰巨使命。假以时日，变革成功了，他们的使命才算完成了，那之后，华为将不可避免地进入“萧规曹随”的新时期，进入较长时间的理念和制度的稳定期，“不折腾”将很有可能是新阶段的标志性符号。

（《理念·制度·人》以上5讲是作者在浙江大学睿华创新管理研究所、剑桥大学嘉治商学院、新加坡国立大学商学院持续5年（2014—2019）的研究成果，并根据作者在以上机构和其他管理研讨会的多次研讨记录稿整理而成。新加坡国立大学商学院乌耀中教授对此研究有重要贡献，特此谨致谢意。）

第9讲

一杯咖啡论英雄

——英雄三部曲之一

任正非和华为是我们这个时代的堂吉诃德

但凡英雄，大都有过如此的生命历程：从最低谷仰望太阳，咬着牙，挺着胸，历经千难万险，一步一步走向太阳、爬向太阳。这样的人就叫作英雄，这样的组织就叫作英雄组织。

太阳代表着理想。理想有三个特征：第一它是灿烂的、炫目的，有着强大的引力；第二，它是灼热的，太阳最中心的温度高达 1500 万 K（热力学温度）；第三，它是遥远的，在庸常之人的眼中遥不可及。

英雄们无不是从卑微起步，从低谷爬升，但他们共有的文身是雄心勃勃、野心万丈，这注定了他们必须有超人的意志力、忍耐力、直扑火焰的殉道精神，但他们在火焰中会升华为"烧不死的鸟"——凤凰。为理想而飞，飞不动了就走，走不动了就爬，爬向太阳，爬向理想。

这就是我们关于英雄的定义。

而任正非对华为的定义是："我们就是一条路，一根筋，就像爬雪山一样，慢慢往上爬，一旦爬不动了，滑下来一下，然后又继续往上爬，总有一天会爬上山顶。”

组织的理想是开创者们设计、创造的。创始者格局有多大，“挂在头顶的太阳就有多大”。

华为前高管郑宝用刚加盟华为时，任正非问他：“郑宝用，你认为将来华为的销售额能到多少？”郑反问：“老板，你先说能做多少？”任正非答：“也就400多亿吧。”郑说：“老板，你说保守了，怎么也能到1000亿元！”这是在1991年，华为上一年的销售额仅仅一个多亿，而且也没有自己的产品，主要以代理销售香港鸿年公司的交换机为营生。这是一个很卑微的起点：无资本，无背景，无技术，无人才，但创始人却敢于扯起一面宏大的旗帜，敢于声嘶力竭地为追随者们“画饼”：20年后，全球通信行业三分天下，华为有其一！而追随者之一的郑宝用嗓门更高，牛皮吹得更响。

一位华为高管对郑宝用有个评价：“郑宝用当年最重要的作用是给老板壮胆，夜半行路一起吹口哨。”2020年年初，任正非对一批年轻的华为研发专家们这样评价郑宝用：“郑宝用是华为最优秀的员工，到处跟客户喝茶，听取客户的建议。”

什么叫作理想？一个人“吹牛”，一群人响应，一大群人相信，大家伙儿一起拱着头朝前冲，实现了的就是理想。

华为几十年就是这么磕磕碰碰走过来的，老板是梦想家，从上到下有一批“郑宝用式”的共梦者和19万名热血奋斗者、圆梦者。

一位朋友在看过任正非接受媒体采访的文章后，发微信给我：

“每个民族都有自己的堂吉诃德，每个时代都有自己的堂吉诃德，任正非和华为就是我们这个时代、这个民族的堂吉诃德。”

将旗帜扯得大大的，挑战不可能，以长矛战风车。但别忘了堂吉诃德这位大英雄的背后有个桑丘，任正非身后有一批、有一大群“桑丘”，他们的目标是一致的，意志是统一的，个性是多元的。不同之处在于，任正非与堂吉诃德相比，既是一个热烈的理想主义者，又是一个冷峻的现实主义者，他的十几万追随者们又无不是在理想使命召唤下的英雄派、行动派——强大的执行力是华为最鲜明的组织气质。

理想越大，苦难越大

被子弹打得千疮百孔的伊尔 2 飞机的画面，70 多年后突然通过全球各大媒体传遍了世界：这是关于一家中国公司的写照，它正在遭遇超级大国美国的全面而精准的打击，但它却没有被击落，还在穿越枪林弹雨疾飞。

任正非在与欧洲六大商学院的十位教授座谈时说：“我晚上上网时无意中看到这幅照片，一下子就被吸引住了，这不就是华为吗？翅膀被打成了筛子，发动机和油箱还好好的。”

我相信任正非在被这幅画面震撼时，不仅联想到今天的华为，也一定会想起 30 多年来华为所经历过的无数坎坷。理想越大，苦难越多，苦难越大。我时常感慨，华为能够存活下来并且发展到如此规模，是个异数，30 多年若干次外患内忧，濒临深渊，有几次几近倒闭，居然在最后关头都挺了过来，实在应了那句话：上帝要让你进天堂，就要让你先下炼狱。任正非在回答记者关于创业 30 多年的心理感受时说：“痛苦，除了痛苦还是痛苦。”

2019 年，任正非拜尼古拉斯·尼葛洛庞帝为老师，尼葛洛庞帝也是乔布斯的老师。西方有媒体将任正非和乔布斯做比较，认为他们都是极少数改变和正在改变世界的人。但在我看来，任正非和华为所面临的创业环境、国际化环境比乔布斯和苹果不知要艰难多少倍！如果把乔布斯放在中国，把任正非放在美国，乔布斯不见得能成功，任正非成功的概率却会大得多！因为首先一点，任正非的神经肯定比乔布斯粗糙很多，意志也肯定比乔布斯强悍很多。

华为一位资深高管告诉我，大约是 1993 年的某一天中午吃饭时间，他在餐厅排队打饭，老板在他前面排队，脸色很不好，他问：“老板你怎么了？生病啦？”老板冒出一句：“吃了这一顿还不知道有没有下一顿。”公司账上没钱了。早期 10 多年，华为经常面临资金拮据、吃了上顿没下顿的困境，而为了未来还必须不断加大对研发的投入。我在《下一个倒下的会不会是华为》一书中写到一个细节，2000 年前后，任正非经常夜半惊醒：公司每月要发出 3 亿多人民币的薪水，万一发不出薪水了，怎么办？可以说长达 10 年左右，他的神经都处于高度紧张甚至恐惧的状态，所以他才说“我天天思考的是失败，对成功视而不见”，忧心华为随时会垮掉。

岂止是资金短缺？华为从来都是一家“穷公司”，今天的华为在全球 500 强企业中也仍然是一家“穷公司”，但它的研发投入却位列全球排行榜第 5。华为过往 30 多年所遭遇的诸多危机根本上是“出身”问题，有学者指出，作为民营企业，华为之所以能在中国 30 多年体制演化的背景下活下来，和任正非的两大战略有很大关系：一是把股权释放给了全体劳动者，自己仅剩 1% 多一点；二是走出去，用国际化的成功证明华为是一家走正道的市场化公司。

走出去谈何容易？2003 年的某个早晨，我与任正非在西安芳林苑酒店的湖边散步，任正非面色凝重地说：“我们的国际化已经进行 8 年了，屡战屡败，屡败屡战，到现在还看不到希望……”

时势造英雄，平台造英雄，对手造英雄

《圣经》中说：要有光！

乔治·吉尔德在《通信革命》一书中有一个观点非常深刻：无限的丰富和极端的稀缺的相互转化，构成了人类商业进步、技术进步的底层逻辑。中国改革开放的 40 多年正是沿着这一轨迹螺旋式演进的，世界经济的全球化、技术与资本的全球化、通信产业的全球化也是在这一悖论中充分展开的。

改革开放与全球化就是“华为之光”。没有这样一个“时”加“势”的总背景，任正非无论有多么狂大的野心和多么卓越的能力，

到头来也只会是失败复失败的堂吉诃德。时势造英雄。

平台造英雄。华为一位主管在微信朋友圈中说："一生有两大际遇，一是高考，一是加入华为。"我相信大多数华为的中方员工都会有这样的感慨。改革开放与全球化造就了华为奇迹，华为造就了19万名英雄。我在多个场合讲，华为不是任正非一个人的故事，是19万人的故事。剑桥嘉治商学院一位老师评价我和华为同事访谈、编辑的"华为系列故事"丛书说："华为总有一天会衰落、会消亡，但这些故事和案例却会时间越久越珍贵，越有影响力。这是真正的英雄史册。"

英雄无不有强大的对手。过往40年的全球通信产业史是一部波澜壮阔的正剧、大剧，无数的科技英雄、产业英雄投身其中缔造历史、改变历史，华为在深度参与这一历史进程的同时，从弱小走向强大，从幼稚走向成熟，这中间固然充满了艰辛与磨难，但正是对手们为华为竖起了追赶的标杆，对手们的卓越激发了华为超越对手的勇气。与高手共舞就得向高手学习——事实上华为真正的老师只有一个，那就是美国和美国企业。

没有了对手，未来就失去了方向。罗马帝国的一位将军在打完胜仗后，不胜哀伤地慨叹："没有了敌人，我们就失去了前进的方向。"

没有了对手，组织的品格也会变味、变质，甚至充斥着内斗和懈怠。所以在美国全面打压华为不久，有一位华为著名高管居然庆幸"华为的运气真好"。

2003年年初，美国思科起诉华为，使华为被全球通信行业刮目相看，助力华为在国际化之路上大步腾飞。今天一个国家，而且是全球最强的科技大国，视华为为对手，不仅为华为做了前所未有的广告，更是在华为的中年前期为它注射了一剂超能量的青春激素，使它的组织肌体更加充满了斗志、激情、凝聚力和英雄气。

华为一位高管说："这几年我们一直想找一句口号激励团队，现在看来什么口号都不如特朗普打压我们。"

电影《肖申克的救赎》中有一句台词：有的鸟毕竟是关不住的，它们的羽翼太耀眼了。

钢铁般的信念冶炼钢铁般的组织

英雄主义文化始终贯穿于华为的全部历史，浇筑在华为的混凝土组织中。那么，英雄主义文化都有哪些特质？

首先是信念，是使命精神。"责任·荣誉·国家"是西点军校的校训，也是世界上最强大的军队美军的军魂。推荐大家看一部电影《血战钢锯岭》，它讲述的是美军和日军在冲绳岛战役中一场极其惨烈的较量，军事较量背后是信仰之战、信念之战。美军从士兵到各级指挥官信仰的是基督教，影片的主人公更是一位极度虔诚的基督徒。日军从上到下信仰的是天皇。《血战钢锯岭》中所呈现的美军士兵迎着密集的弹雨，扛着爆破弹扑向碉堡，一个倒下了、一个顶上去又一个顶上去的无畏牺牲的画面实在是太令人震撼了！这不是导演的渲染，而是历史的真实还原。

这样的英雄故事存在于一切伟大组织、伟大民族的基因中，我们中华民族也有自己堵枪眼的英雄黄继光、扛炸药包的英雄董存瑞。华为的 30 多年也同样有一批又一批冲锋陷阵的老英雄、新英雄。

几年前，华为现任审计部总裁李今歌在接受我的访谈时，很感性地说了一段话："随着岁数增加，好强的这一面一直在，这也是华为一直讲的奋斗文化，血液都是热的……"李今歌 1992 年进入华为，20 多年来大部分的经历都在市场一线，做过国内好几个省的代表，还做过南部非洲片区总裁和亚太片区总裁。

看一个组织有没有未来，就看在重大危机关头有多少人愿意站出来、冲上去为组织扛炸药包、堵枪眼！美国打压华为是对华为的文化韧性、制度弹性的压力测试，测试结果是令人欣慰的，19 万人中的绝大多数激情澎湃，众志成城，快速进入"战时状态"，与时间赛跑，与危机赛跑。最显著的一点是，几乎每一个园区、每一座办公楼都在夜半时分灯火通明，数万名华为英雄在加班加点"补弹孔""堵枪眼"。

这是一个有信仰的商业组织。华为人的信仰是什么？为客户创造价值，实现人类梦想——这和美国的清教徒们"建立人间天国"的理想在本质上是相通的。在疟疾肆虐的非洲大陆，是华为人以 20 年左右的坚韧不拔为填平人类的数字鸿沟做贡献；在战火纷飞的中东，在发生地震、海啸的阿根廷、日本、尼泊尔等国家和地区，是华为人在为通信畅通提供保障；在地球的南北两极，在海拔最高的珠穆朗玛峰，在超过零上 45 摄氏度的极热之地和低于零下 30 摄氏度的极寒之地，到处都能看到华为人的身影、华为的产品和华为为消费者所提供的信息服务。

任正非说："我们绝不会和美国人拼刺刀。我们的理想是为人类服务，不是为了赚钱，也不是为了消灭别人，大家能共同实现为人类服务，这不是更好吗？"

华为在 30 多年的科技探索、市场探索中，发展出了自身的精神史。

华为的理想是随着自身的发展和强大在不断演进的，从早期的"活下来""三分天下有其一"到近些年的"为人类服务"，但 30 多年来华为的信仰、信念却从未改变过："拜上帝教"——客户是华为唯一的上帝，而不是"拜资本教"。事实上，这是一个古典的商业信仰，IBM、杜邦、惠普、通用汽车、休斯飞机等美国大企业的领袖们，在 20 世纪 80 年代以前，和华为一样都信奉"以客户为中心"的经营哲学、管理宗教，因此他们被称为"新时代的美国英雄"。

华为，一支类军队的商业军团

英雄主义文化特质之二是：敢作战，能作战，善作战，战必胜。

华为在早期研发程控交换机时，板子上零部件很多，任正非对刚加入公司不久、负责第一代局用程控交换机开发的徐文伟说，可不可以开发一种芯片，将这些分散的零部件都集成进去？徐文伟分析后告诉他“可以做到，但芯片投片失败率很高，一次失败了两万美元就打水漂儿了”。两万美元对初创不到5年的华为来说是个不小的数目。任正非果断拍板：“投！砸锅卖铁也要投！”结果运气好，一次投片成功了。今天华为高端芯片、光传输、核心网、5G在全球业界的地位是有目共睹的，首先是因为华为敢于面向未来去“赌博”——敢作战；其次是华为拥有世界上最大规模的研发团队、最一流的科学家群体和开发人才——能作战；再者是IPD带来的研发流程——善作战。尽管华为在几十年科研历程中不乏失败的案例，但总体上做到了“决心一旦下了，基本都能实现目标，甚至超预期实现”——战必胜。

在技术创新上，华为的观点是：鼓励冒险，容忍失败。海思芯片主管何庭波12年前给任正非汇报工作时表态：我们要争取一次投片成功（今天一次投片的成本是数百万美元），任正非当即插话说：“一次投片成功的观点是反动的，没有失败哪会有创新？创新就是要舍得浪费，敢于浪费。”

华为有一个很重要的组织特征：只要是确定了的重大研发或市场战略，就会快速从全球集结优势兵力，咬定“城墙口”，先开一枪，再打一炮，撕开一个口子，然后大兵团一拥而上，从当年的“石岩湖会战”（83位工程师封闭在深圳一家宾馆几个月进行产品突击研发），到5G的十年鏖战……华为的市场与研发作业模式、团队的行为方式，乃至于员工的工作语汇，不是大量的英文字母缩写（类IBM），就是充满了英雄气的类军事用语。它更像一支商业军团。

华为以短短 30 多年的时间从一无所有崛起为全球化科技企业，秘诀之一就是向中外军队学管理。20 多年前初识华为，我最深刻的印象之一是许多华为员工在读《西点精神》《西点军校》《西点法则》这一类图书，毛泽东的“集中优势兵力打歼灭战”的军事战略原则、中共军队的“一点两面三三制”的战术原则是市场一线主管、基层管理者的口头禅，至今仍然被他们奉为制胜的不二法宝。

联邦快递集团董事长兼 CEO 弗雷德里克·史密斯在为《打胜仗的团队》一书所写的序中说，“我们有目的地打造我们的企业文化，每位领导者接手企业都会进行一次企业文化创建。这样的模式设计从世界上最精良的领导学院汲取了大量的灵感，它就是：美国军队”，“如果你参观过联邦快递的领导力学院，你就必然会发现我们公司文化里蕴藏着美国海军的基因”……

军队是最具创新力的组织，没有之一。无论是技术创新还是组织创新，军队从来都是创新的引领者，计算机、无线通信、互联网、人工智能等无不缘于军事需求和军事研究，并最终转化为商业技术和产品。并且，军队创新是不计成本的，没有投入产出比的概念，一切围绕着未来、围绕着“打赢下一场战争”。《五角大楼之脑》这本书对此有详尽的叙述。

军队是最具效率的组织，没有之一。军队是最具执行力的组织，没有之一。军队在强调纪律、服从的同时，不仅不会去泯灭个体的存在，而且还以一整套丰富、热烈、简明的方式和手段去激励士兵们的活力、勇气、斗志。英雄主义永远是军队文化的主旋律。

本质上，军队是与死亡对抗的组织，所以它也最具危机意识。同样，“活着还是死去”也始终是企业和企业家面临的冷峻命题，“人的寿命越来越长，企业的寿命越来越短”，要想逆周期生长，唯有持续创新、持续提升效率、持续强化组织的执行力，从这一层面上讲，军队是企业最好的学习榜样。

Enterprise 的中文对应词是企业，但从 17 世纪末至今，用这个单词给军事舰船命名成为欧美海军的传统，叫作“企业号”的军用舰船有几十艘之多。世界上最著名的两艘企业号都是美国的航空母舰。法国曾经有 20 多艘船被命名为企业号，英国皇家海军一共有 10 艘船被命名为企业号，但它们都不是主力作战舰艇。真正把企业号作为海军明星舰船的是美国海军，到现在一共有 8 艘军舰被命名为企业号。《美国海军战斗舰艇词典》对用 enterprise 命名的解释是，取其“勇敢、活力、精力旺盛以及在实用事物中的创造性”。很显然，企业与军队从这一层面上看，它们在本质属性上是完全一致的。因此，美国有非常多的军人包括高级将领，他们从军队退役后大多去了企业或者自己创办企业。从“舰船上的舵手”转身为企业领袖、管理者，对他们而言几乎不需要做出太多的改变，比如曾经拯救了福特汽车公司的“蓝血十杰”——10 位美军退役军官；同时，从企业家转身为军队将领也是很常见的“旋转门”现象，美国历史上有几位国防部部长都曾是企业家。美国500强大企业尤其是工业企业中有不少董事长、副董事长、总裁都有过从军的经历。而许多成功企业的创始人虽未有过军队生涯，但他们所在企业的管理文化、制度体系仍然有深刻的军队文化的特质，即强大的进取性、冒险精神、创造意识和对组织活力的张扬。

我曾问任正非："华为更像哪一支军队？"任正非答："韩先楚的部队，或者薛岳的部队。"这两位一位是中共军队善打硬仗、总打胜仗的名将，一位是国民党军队的名将，指挥过淞沪战役、武汉战役、长沙战役。

失败并不可怕，怕的是意志涣散

英雄主义文化的第三个特质是：在极限挑战、极限压力下的超强意志。上甘岭是华为这 30 多年来经常讲到的一个词，它意味着严酷的生存条件，更意味着"意志决胜论"与"火力决胜论"在不同时空背景下的博弈。美军以 5 倍于常规的"范弗里特弹药量"将上甘岭的前沿阵地炸成了一片焦土，但却没能朝前推进一步。一支装备极其简陋的中国军队与武装到牙齿的美军精锐部队整整较量了 43 天，依靠的是什么？必胜的信念和永不言败的意志力。

《上甘岭：最长的 43 天》这部纪录片任正非反复看了无数遍，就像他若干次参访诺曼底一样——上甘岭战役与诺曼底登陆战役都是人类意志史的奇迹。

长征，同样是人类意志史上的经典，我特别推崇美国记者哈里森·索尔兹伯里写的《长征：前所未闻的故事》和王树增的《长征》，这两本书可以对照着一起阅读。

今天的华为已经拥有强大的实力基础，这些年华为高管们经常讲要用“范弗里特弹药量”密集轰炸“城墙口”，与此同时，华为又持续以各种激励手段在组织中弘扬英雄主义文化，“火力制胜”加“精神制胜”双轮驱动，这对于面向未来的华为尤其重要。但火力是人驾驭的，“人的因素第一”是任何成功组织在任何阶段都必须坚守的永恒信条。

华为的30多年本质上是人的经营的成功，它用一条“金线”（使命+愿景+价值观）将19万颗珍珠、翡翠、钻石串了起来。

英雄主义文化的第四个特质是：“胜则举杯相庆，败则拼死相救”。这句口号式的语言在华为喊了30多年，它岂是令人热血激荡的一句口号？它已经渗透进了华为的文化基因、制度基因乃至于考核机制之中。我在和非洲、东北欧地区部的一些华为的基层主管以及华为终端大中华区的一些主管交流时，经常听到他们讲“兄弟连”。什么叫兄弟连？有一位国家代表说：“在战场上，你从不担心把后背亮给你身后的兄弟。”

30多年来，华为文化绝非净土，从20多年前IBM对华为“厚重的部门墙”的诊断到这几年心声社区对争功诿过、各扫门前雪现象的尖锐批评就可以看得出来。但平心而论，“胜则举杯相庆，败则拼死相救”的团队精神在华为始终是主流文化，越是在一线、在基层就越为突出和明显。

英雄主义文化特质之五为：“宁可向前一步死，绝不后退半步生”。不战而降，岂能称作英雄？三八线是上甘岭数万将士不屈的意志打出来的，而不是谈判桌上谈出来的。华为今天的行业地位，也是从最底层步步为营打出来的，而非一味妥协、让步达成的，要想成就未来更大的辉煌，为人类更好地服务，同样必须立足于进攻、进取，虽然前行的路上会有更多的艰难险阻，但只要奋力坚守和拼搏，一切不可能都会变成可能。

当你一味示弱时，打压你的力量会愈鄙视你；当你是狮子时，对手会敬畏你，虽然它还会打压你。

希腊神话：关于英雄的悖论

英雄文化特质之六为：追求自由与自我克制。《荷马史诗》中的大英雄奥德修斯英勇善战，足智多谋，正是他以木马计里应外合，攻破了希腊联军长达 10 年未能攻下的特洛伊城。英雄凯旋回归故里，路过大海，海面上有一座岛屿，岛屿上住着会唱魔歌的海妖，过往的海员无不受到蛊惑，驾船驶向礁石船毁人亡。奥德修斯听从了女神喀耳斯的忠告，命令部属们用蜡塞住耳朵，然后又让人把他捆在桅杆上。虽然距离魔岛越来越近，魔歌越来越响亮和迷人，奥德修斯的理性无数次被击败，无数次想挣脱束缚扑向诱惑，但他还是挺住了。

这是一个极富哲理的希腊神话。向往自由、追求欲望是人的天性，越是英雄和天才，欲望越强大，对自由的渴望越强烈，他们的创造力和冒险精神释放得越饱满，对组织、对社会、对人类的贡献也越大。然而，真正的英雄都深知自由必须植根于秩序之中，同时要善于自我克制。而且，他们也深知个人英雄必须植根于群体英雄之中，正像《清教徒的礼物》一书中说的，“在孤独中自得其乐的不是野兽，就是上帝”。人间英雄是一群个人英雄的集合体。

卓越的组织既要塑造英雄、培育英雄、给英雄们构建广阔的用武之地，又要给英雄们设定方向和边界；既要推崇个人英雄，又要在释放个人活力的同时，把千万不同出身、不同背景、不同年龄、不同个性的个人团结在一起为共同的目标而奋斗。然而，这只是一个静态化的理想设计，随着组织在不同阶段的演进变化，组织领袖常常必须在两极悖论中不断进行调整，此一时呼唤个人英雄，彼一时突出群体英雄；此一时偏向于解放人的手脚与大脑，彼一时偏向于秩序与规则。一切围绕着达成目标，一切围绕着达成健康的目标。

小结

华为戏剧性地改变了许多知识型劳动者的命运，十几万青年人因为激情和对财富、成长、成就感的渴望而聚合在一起，在华为这个催生英雄的平台上成为英雄。堂吉诃德诞生于骑士精神消亡的时代，所以他饱受世人的奚落和嘲讽，但他被历史铭记了。华为诞生于、成长于英雄主义文化褪色、理想主义空气日益稀薄、消费主义弥漫的年代，所以在过往的几十年中它也总是遭遇误解和抨击。是美国让华为变得更加开放和透明，更加富于激情和斗志，它的有些古典交响乐意味的、工业时代的英雄主义气质（征服精神 + 激情 + 秩序感）也逐渐被世人所知、所理解、所敬重。

对华为来说这是一笔巨大的精神财富，对华为的每一位奋斗者来说也是一生的荣耀和传奇。

第10讲

企业家，新时代的英雄
——英雄三部曲之二

每个时代都有自身的英雄符号

《钢铁是怎样炼成的》是一部关于英雄主义的史诗般的小说，在长达半个世纪的时间内影响了 20 世纪 40 年代到 70 年代出生的几代中国人。我本以为今天的年轻人对这本书是陌生的，但三年前，我在贵州大学举办的一个讲座上，问现场 200 位左右的大学生有没有读过《钢铁是怎样炼成的》，完全出乎我意料的是，百分之六七十的年轻人都读过——他们大多是千禧年出生的一代中国青年。

《钢铁是怎样炼成的》主人公保尔·柯察金的原型，也是这本书的作者尼古拉·奥斯特洛夫斯基，一生遭遇了无数磨难，幼年丧父，15 岁当兵，23 岁时全身瘫痪并且双目失明。他极端痛苦过，甚至想自杀，但最终他扼住了命运的咽喉，依靠母亲和妻子的帮助，29 岁写成自传体小说《钢铁是怎样炼成的》。

崇高的理想主义、崇高的英雄主义、钢铁般的意志是贯穿这部小说自始至终的鲜明主题。

人类永远需要英雄，每个时代都有自身的英雄符号。

和平年代的英雄符号是什么？哈佛大学教授西尔弗在20世纪80年代出版的《企业家：美国的新英雄》一书中讲道，美国是一个崇拜英雄的民族，以前人们崇拜的是华盛顿、林肯这样的伟大政治家，现在早已转移到更真实的英雄人物——企业家身上，企业家是美国人的新英雄。

19世纪后半叶一直到20世纪80年代是美国的工业主义时代，美国的企业家英雄们普遍怀有强大的使命精神，以及激情和秩序感，比如洛克菲勒、卡耐基、福特……尤其让我印象深刻的是美国休斯飞机公司创始人休斯，每一次新型飞机试飞，他都亲自驾驶飞机去飞行，好几次飞机失事掉到地上，他被摔得浑身是伤，有一次甚至皮肤被大面积烧伤。

美国几代企业家英雄创造了人类历史上最辉煌的工业时代，代表性成就是“信息高速公路”计划、曼哈顿计划、阿波罗11号。1969年，阿波罗11号实现了人类首次登月，宇航员阿姆斯特朗说：“我的一小步，代表着人类的一大步。”

从20世纪70年代开始，美国进入信息技术时代，并推动整个人类加速度迈进信息时代。过往50年，信息世界出现层出不穷的技术革命和爆炸性的商业革命，所对应的是消费主义潮流的崛起和弥漫。在长达50年左右的时间里，整个人类的经济活动事实上被摩尔定律所定义，人类的精神生活和物质消费也被摩尔定律所定义、所俘虏，人类生存得无限多彩和放任，又无比焦虑和卑微。《冲动的社会》这本书对此有很深刻的描述。

随着香农理论逼近极限，同时摩尔定律正在失灵，信息技术革命即将跨入基础研究的断裂带，同时最根本的是长达半个世纪的消费主义运动走到了尽头。因此，人类必须寻找新的科技突破和新的经济形态，新的足以改变人类命运的商业活动和新的时代英雄。于是，“钢铁侠”埃隆·马斯克出现了，“乌托邦教父”彼得·蒂尔出现了，梦想建造太空城市的杰夫·贝索斯出现了……一大群硅谷的超级富豪们出现了，他们是比特世界的科技领袖和商业英雄，如今他们又赋予自身新的使命：宇宙使命——使生命多星球化。他们也许是未来新工业社会的新时代英雄。

使命感 + 命运感：好企业是改变世界的探险者

彼得·蒂尔给自己和自己公司的定位是：为占领世界而工作。埃隆·马斯克已经将眼光瞄准了火星，他的梦想之一是死后将自己“葬在火星上”。航天工程师罗伯特·祖布林说：“生命就是一次单程旅行，度过生命的一种方式是到火星上去，然后在那里开始一种新的人类文明。”而另一场革命则发生在医学领域：让人类的寿命无限延长。俄罗斯的互联网大亨德米特里·伊茨科夫想要活到一万岁，谷歌的联合创始人谢尔盖·布林最想做的是消灭死亡。

伟大的企业和企业家无不是改变世界的探险者，他们鲁莽、无畏，无比贪婪地创新和创造财富，也时常做着白日梦，手里握着一张确定的牌，目光盯着另一张不确定的牌，在成功与失败的无常交替中持续冒险、勇于征服。

然而，遗憾的是，为什么这些改变世界的人物和故事过去大多发生在西方？

东方需要一种新的叙事框架。中华文化中一个相当重要的特质是“走西口”，是“逼上梁山”。我们民族的英雄气质带有很强的被动性、忍耐性和坚韧性，是一种苦难导向、问题导向的苦而酷的英雄文化。愚公之所以成为英雄，是因为门前有一座山，他只能挖山不止；女娲补天，是因为天破了，她要去补；闯关东，是因为在关内活不下去，被逼无奈“杀出一条血路”。从神话到历史再到现实，中华英雄总有一抹悲剧色调。但是西方的神话英雄、人间英雄，虽然也会遭遇苦难，虽然也有被命运逼出来的“林冲”，但整体上看，他们的英雄气质更偏向于进取性、冒险性和侵略性，而且还有点欢乐性。你看希腊神话的诸神英雄，大多数都很世俗，很快活，喜欢“无事生非”和“惹火上身”。

我们是问题导向，他们是发现问题导向，是探索与征服，这是两种相当不同的文化特质。西方英雄更多的是使命感，我们的英雄更多的是命运感。或者说西方英雄是使命感在前，命运感在后；东方英雄是命运感在前，使命感在后。

但无论怎样，真正的英雄都必须有强大的使命担当。

我们看看任正非。30多年前，走投无路、被逼无奈的任正非创立了华为，很显然，这是另一种形式的“走西口”“闯关东”。一开始，华为做的是倒卖交换机的生意，左手从香港买入，右手卖给内地的乡镇矿山，毛利率很高，日子红红火火，但却经常缺货。而到了1989年，香港鸿年公司干脆给华为断供，这是华为历史上第一次被断供。我们可以探讨一下，假使不出现断供，毛利率高达百分之七八十，任正非会不会像其他400多家从事交换机代理生意的老板们一样，从此过上早上皮包水（喝早茶）、晚上水包皮（泡澡堂子）的舒坦日子？或者是未雨绸缪，把能赚到的钱都尽量投入到技术和产品的研发，从而构建华为自身的技术与产品体系？

这不应该是一个疑问。像任正非这样的人天生具有一种关不住的野心。任正非创立华为的动机源头里，既有为生活所迫的现实，同时也有一种想改变一点什么的动机，有一种使命精神。华为一开始注册时的经营范围是气体悬浮仪的开发与销售，是任正非自己研发出的一个产品。很显然，他创办这家公司是奔着技术去的、奔着创新去的，而不是安于做个二道贩子，过舒服的日子。

某种意义上，任正非是当代中国企业家中的少数异类。

华为独特的组织文化、英雄主义的组织文化也同样是两种因素造就的。一种是极端严峻和复杂的生存环境。今天美国打压华为，华为进入“战时状态”。但事实上华为多数情况下都在“战时状态”，或者叫作“准战时状态”。从创立那一天起，华为始终处于艰难之中、困苦之中，随时可能会死掉，会倒闭，所以它注定了必须时刻以“战时状态”应对外部环境的各种挑战。另一方面，任正非宏大的雄心或者叫使命精神也注定了华为文化的英雄气质。

30 多年来，任正非和华为一批高层领导者随着公司发展越来越好，企图心也越来越大，一路走来，终于把这样一个无背景、无资源、无人才、无技术的中国公司带向了世界级的领先地位。从企业文化的角度讲，是理想在牵引奋斗精神，奋斗撑大了组织雄心。命运逼出了成长，使命铸就辉煌。

英雄气质存在于每个人的基因中

未来事，黑如漆。好企业必须有一群普罗米修斯，有一大群在黑暗中盗火、舞剑的英雄。催生冒险者、鼓励探险家、张扬雄性精神的企业才是真正的好企业。探索精神、英雄气质本来就在每个人的基因中，关键是“南桔”要生长在南方的土壤和气候中。

那么，华为的 19 万名英雄到底是怎么炼成的？是怎么打造出来的？

英雄是自我修炼出来的。我访谈过华为在非洲的一些基层主管和员工，他们给我带来很大的心灵震撼。在非洲的华为员工普遍比较年轻，绝大多数是独生子女。这些 20 出头、30 左右的年轻华为人，在蛮荒的非洲大陆，在战火纷飞的中东，不但没有变得怯懦、萎靡，没有被打垮，相反神经变得粗糙了，而且更乐观和更阳光。

我在多个场合，包括给一些国有大企业的董事长、总经理讲课时，都讲到我在非洲看到的华为员工的眼神，是我在中国现在的年轻人中不大能看得到的。现在年轻人的眼神比较复杂，内涵过于丰富了。但是你看华为在非洲的年轻人的眼神，普遍是单纯的、充满激情的。托尔斯泰在《苦难的历程》这本小说中写道：一个人要真正强大起来，就必须在清水里泡三次，血水里浴三次，碱水里煮三次。

英雄自古多磨难。贝多芬可以说一生都在跟命运做抗争。一个音乐家，耳朵却聋了。在与耳疾抗争的过程中，他创作了不朽的《英雄交响曲》。若干次，他虽想自杀，但是最终选择了与命运抗争，后来又写出了《命运交响曲》。大家要读罗曼·罗兰写的以贝多芬为原型的小说《约翰·克里斯多夫》。30多年前我在大学里做一名心理学老师，对于我欣赏的学生我一定送他一套《约翰·克里斯多夫》。在贵州大学演讲时，我又给现场的同学送了200套《钢铁是怎样炼成的》和200套《约翰·克里斯多夫》。

英雄是从失败的泥坑里爬起来的。华为终端早期的三年，可以说是一次接一次的失败。华为的P1和D1，那时候公司领导送我两大箱，让我去送人，但是拿着这样的产品，我送不出去。华为的终端团队，屡战屡败，在2015年年底公司给他们发了一个“从零起飞奖”的飞机模型，取消管理团队年终奖。正是那个“从零起飞奖”之后，华为终端连续几年实现快速腾飞。余承东在最艰难的时期喊的口号是“我们要做世界第一”，公司内外包括消费者都称他是“余大嘴”。

华为从上到下有一批余承东这样的堂吉诃德，他们共同的特征是不信邪。华为终端正是在一群不信邪的“疯子”的率领下，从最底层一点一点地朝前拱、朝上勇猛推进，以短短8年的时间从失败的泥坑中崛起为全球第二。

不过，过去的两年，这匹黑马奔跑得太猛了，甚至有点太顺利了。

危机从来既是“危”又是“机”。今天美国打压华为，对华为终端来说，无疑是一次巨大的挑战，可能延缓华为终端走向世界第一的步伐，但反过来也会促使终端更进一步加大研发投入，更好地巩固和重构产业链和生态圈，同时充分利用“战时状态”，夯实人才基础和激发更强劲的组织活力。

迈克尔·乔丹是我很崇拜的篮球明星。他是一个用汗水与泪水熬出来的伟大英雄。乔丹说：“在我的职业生涯中，我投丢了超过9000个球，输掉了差不多300场球，有26次我被托付完成制胜的球，但我投丢了。我在生命中一次次地失败，这就是我为什么成功。”

英雄是从战场上打出来的。一次次冲锋，一次次失败，冲上去了又会被打回200米甚至打回到谷底，但只要挺住了，咬着牙接着冲锋，就一定会在最高峰插上胜利的旗帜。

战场上，士兵们为什么愿意付出生命的代价

我在研究组织进化的过程中，经常思索一个问题：在战场上，士兵们为什么愿意付出鲜血的代价，甚至生命的代价？

激励机制使然。一部战争史，包括一部人类史，说穿了就是一部奖惩史——奖励和惩戒的历史。

中国几千年历史中军队的激励机制是什么？发财和升官。冲啊，弟兄们！冲上去了，马上兑现二两大烟土或者十元大洋，金灿灿的金条激荡着士兵们财富饥饿的冲动，同时还有快速晋升，而做官也是为了发财，做大官是为了发大财。曾国藩的湘军、李鸿章的淮军本质上仍是一支无魂的军队。而中共军队则不然，与一切历史上的军队相比，它具有现代性，具有使命激励，赋予了一支工农的军队以灵魂：为大众、为人类的浓重的理想主义色彩。

一切伟大的组织，都要为自身所做的事情确定价值坐标，提炼一种崇高性，这就是“事”与“事业”的重大分野。

犹太民族曾经是一个弱小的民族，但它却创造了人类组织史的奇迹。犹太人在几千年前被迫走上了漫长的流亡之路。流亡，使得他们有了鲜明的集体目标感，使得这个缺少领土的民族在“一无所有”中不得不寻求精神的图腾，从而以一种新的方式来保全他们的身份。苦难逼出了想象力和思想力——《圣经》的原始读本在流亡中诞生了。

大多数的思想者都是被迫放逐或者自我放逐的“流浪汉”。犹太

教包括基督教的原创者是一群无家可归的流浪者；佛教的创始人悉达多，是一个王子，其实也是一个流浪者。他从皇宫中出走，走啊走啊，走到菩提树下，盘腿坐那儿思考，众生从哪儿来，要到哪儿去，生命的意义，存在的价值。佛家认为，时间是一个天道轮回的过程，这就使得个人的奋斗和人类的历史变得虚无；"基督徒们认为，时间是一个线性过程，这就意味着历史是朝着确定的目标在前进"(见《思想史：从火到弗洛伊德》)。

陕北放羊人的放羊哲学中有一段很经典的对话：放羊干啥呢？娶婆姨。娶婆姨干啥呢？生娃。生娃干啥呢？放羊。放羊干啥呢？娶婆姨……封闭式循环了几百年。天很蓝，云很低，牧羊人一代代唱的那种很撩人、很扎心的陕北民歌，饱含着放肆与惆怅，令人憋屈得慌。

企业虽然以创造财富为天职，但卓越的企业并不以赚钱为目的。同一切伟大的组织一样，它既是功利的，又有崇高性，既是实用主义的，更是有远大理想的。它既要用利益、权力去吸引它的追随者——分好钱，分好权，同时要有一套意义假定体系联结追随者们的精神与意志，并形成上下同欲的使命共振。

30 年前做交换机倒买倒卖生意的 400 多家私人企业的老板，应该是改革开放后最早富起来的一批人。他们中的大多数把赚钱的意义、商业的意义定位在：第一是存钱吃利息；第二是早上皮包水，晚上水包皮，开着当时进口的日本蓝鸟、皇冠汽车满世界风光。同样是卖交换机的任正非，一边要带领大家多卖交换机，改变生存命运，活下来，一边被家门口的摩托罗拉、西门子、NEC、爱立信这些七国八制的西方大公司诱惑着，心中的火焰便开始燃烧。于是，华为这家起点卑微的公司开始有了更多的乌托邦色彩。

"吹牛"是华为30多年一道亮丽的风景，从一无所有时期的"20年后三分天下有其一"到今天的"为人类做贡献"，华为不断地在组织中张扬彩色的泡沫，使得一茬又一茬的追随者们热血沸腾地去奋斗。一边"吹牛"一边战斗，结果吹的牛都实现了，而且都超预期实现了。

英雄无不是心怀理想、坚持信念的平凡人。任正非就是一位怀有理想的英雄，一位信念始终如一的平凡人。你看任正非这30多年的讲话，这些年来他讲了许多话，某种程度上他是一个用思想、用讲话管企业的人，但无论是早期还是现在，他的讲话的内涵都具有惊人的一致性，另外，始终洋溢着理想色彩，他总是能够给技术、产品、员工的劳动赋予某种精神意义、赋予与理想和使命相嫁接的价值色泽。当然任正非也是一位出色的故事家，他的讲话有很强的故事性，文字也很绚丽，很有鼓动性，从而能够在19万人的组织中不断搅起使命的旋风、愿景的旋风。

在理想主义空气日渐稀薄、功利主义和消费主义泛滥的时代，华为的领导群体用信念与价值观凝聚起了一群特殊的华为人。

奋斗而有成就的人控制了组织的威望体系

战场上，士兵们为什么愿意付出生命的代价？9级地震，华为员工为什么会选择坚守并且义无反顾地到震中去抢险？疟疾肆虐、缺水少电，一拨又一拨的华为青年人为什么在非洲一些落后国家一待就是5年、8年？战争与动荡为什么没能阻碍华为人前进的脚步？是什么让一位20出头的年轻人在“一人一厨一狗”的环境下乐观奋斗？让同样20出头的一位年轻人在长期冰天雪地的冰岛坚守了8年？

是钱吗？是晋级晋升的诱惑吗？当然是，但不完全是，或者根本上不完全是。

英雄是意义激励的产物。华为的英雄文化有其独特的意义色彩。

问题在于，华为是如何将使命、愿景、价值观传播到、渗透到组织的角角落落和组织的每一个细胞中的？许多企业家同样怀有使命精神，也善于讲故事，但他们感到困惑和苦恼的却是，他们关于意义的假定常常会陷入一个人、几个人的自嗨、自我陶醉中，或者虽然掀起了组织内部的普遍共鸣、大合唱，但却难以持久。而华为则全然不同，创业初期的那种激情、那种组织火焰、那种对华为文化的普遍认同，经历了30多年仍然鼓荡不息，这是很值得探究的。

关于华为文化，我在“华为：企业文化的胜利”这一讲中有系统阐述，这里着重探讨两点：一是有权威的个体在文化传播中的地位和影响力，二是奋斗而有成就的人控制了组织的威望体系。

第一，什么是有权威的个体？创始人是最权威的个体。创始人包括高层领导群体的每一分子，在文化传播中具有非凡的影响力。所以，他们天然地既是使命、愿景、价值观，即“组织意义”的构建者、创造者，同时也是传道布道者。任正非就是华为之道的首席架构师，也是华为文化传播的首席“牧师”。但仅此是远远不够的，他还必须是率先的践行者。

组织文化传播的过程中，最大的阻碍是组织领导们的口是心非。你不想行动，或者不想按自己说的去行动，那你最好连讲都不要讲，讲了就一定要做到心、口、行一体化。你讲出来的观念和你的行为必须是高度闭环的。华为的核心价值观“以客户为中心，以奋斗者为本，长期艰苦奋斗”能够扎根于华为组织的各个体系和组织中的绝大多数人，极其重要的是因为那些“大和尚”在念“华为经”的时候，也是标准的实践者。

号令员工冲锋陷阵，领导者就得身先士卒。我近距离观察了华为 20 多年，近距离观察了任正非和华为一些高管 20 多年，他们给我最深刻的印象是，“华为”这个无意而为的组合词把他们彻底“洗脑”了，洗到了什么程度？我相信他们只要睁开眼，脑海里 90% 甚至 95% 冒出来的一定是有关华为的人与事，同时他们几十年如一日每天超负荷工作。

第二，奋斗而有成就的人控制了组织的威望体系。大家都是相似的个体，接受过良好的教育，差不多同时入职，级别也差不多，但是，时间一长，相似个体中的那些通过努力奋斗而获得成就的人，无形中控制了组织的威望体系，成为组织的标杆和榜样。

这里要特别强调组织的力量。员工当然必须奋发进取，但组织的核心职责就是要在十几万个相似个体中持续挑选出那些杰出者、卓越者，给予他们利益倾斜的同时，赋予他们荣誉，并通过传播他们的故事感染更多的人成为英雄。

组织的威望体系取决于组织的价值导向，如果奋斗者、贡献者、英雄们不能得到奖赏，得到重用，相反被冷落，甚至被讥嘲和排挤，组织的威望甚至信用就会破产，这对任何组织都是灾难。

仪式感：旗帜·火把·号角·歌与酒

文化的传播离不开仪式感。无论是东方还是西方，无论是人类的始祖社会，还是今天的现代民族、现代国家，都特别重视仪式感。仪式是人类文明赖以存在的载体，而且从古至今的文明仪式始终有一个经久不衰的主题：英雄崇拜。

美军创造了世界上最复杂的勋章体系。在全球大企业中，华为也许创造了最复杂、最多样化的荣誉激励体系。有一次我给上百位国有大型企业的董事长总经理讲课，有一位学员提问：“田老师，华为可以用股权、很高的薪水、很高的奖金激励员工，这些我们国有企业做不到，我们怎么做才能够激发员工？”我答道：“的确，国有企业因为各种约束条件，当然不能像华为这样把股权分给9万多人，不能像华为这样给这么高的工资、这么多的奖金。但是国有企业能不能像华为一样，在权力的分配上做到相对公正？华为也不是绝对的公正，但相对的公正华为做到了。第二点，荣誉激励、精神激励是否做到了最大化？财富激励毕竟是有限的，权力越朝上位子越少，也是有限的，金字塔尖就一个人，但精神的激励可以无限化、多样化。然而，精神激励在当今的企业管理中却经常被普遍忽视。从西方到东方，从美国到中国，精神激励正在大面积地被物质主义所取代。”

我同时问这位企业家：“你们公司开会时唱歌吗？”他摇头。我又问在座的企业家：“你们所在的企业开会时唱歌吗？”只有1/3的学员举了手。

企业应该向军队学管理，学精神激励，学习对仪式感的尊崇和敬畏。比如唱歌，世界上最现代化的军队，美军、中国军队、俄罗斯军队、以色列军队，包括很多落后国家的军队，他们都有自己的军歌，战士出征，战歌嘹亮，荷尔蒙一起燃烧，几百成千上万人激情共振的气势，是军队最需要的组织气质，难道企业就不需要吗？

还有酒，酒是神秘之水。同样，各个民族包括部落民族都有酿酒、喝酒的习俗，酒的历史据说可以追溯到史前时期。酒与战争、与胜利、与力量、与组织士气有不解之缘。2018年1月17日下午，华为“烧不死的鸟是凤凰”的活动正式开始前，任正非把我拉到他旁边的座位跟我说，为了这个活动，他捐了两箱茅台酒，还有红酒，希望在会前让大家先喝起来，兴奋起来，结果现场喝得太彬彬有礼，气氛没有燃烧起来。所以那次活动他认为不是很理想，很快就结束了。

歌、酒、号角，还有旗帜、火把等，从来都是人类各类仪式活动的标配。仪式感是人类的一种“瞬时宗教”（事实上宗教组织的仪式感一点不亚于军队，甚至比军队更突出），一种文明图腾，一种从“事”到“事业”的升华，有助于激发组织和组织中个体的崇高感和神圣感，有助于提升团队的战斗力和凝聚力。华为一位地区部主管的感受是，一个人每当进入那种氛围，就会被感染，就会激情澎湃，个别畏惧困难的员工也会变得信心满满，平常不合群的员工也像变了个人，每次活动结束后，团队精神就有一次提升。

30 多年，华为就是这样一路唱着歌走过来的，就是这样“雄赳赳，气昂昂”走向海外、走向世界的。

华为的仪式感体现在方方面面，比如各种各样的庆功仪式、宣誓仪式、自我批判仪式、颁奖仪式等，华为也有许多种类的奖牌、奖章，而且一些奖牌、奖章是任正非亲自参与设计和审定的。任正非是一个异类 CEO，在分工上从来不直接管人、管事、管业务，但却经常插手与人的激励相关的事情，比如分钱的原理和原则、干部任用尤其是破格任用的原则等，尤其是在组织氛围的建设、精神激励的方式方法上，他时常会冒出一个接一个的点子和创意，而且管得很细，乐此不疲。而这一切的目的只有一个：让英雄倍出而不仅是“辈出”——“倍”字是任正非改的。

人最宝贵的是生命，生命属于人只有一次。一个人的生命应该这样度过：当回首往事的时候，不致因虚度年华而悔恨，也不致因碌碌无为而羞愧。这是《钢铁是怎样炼成的》作者奥斯特洛夫斯基的名言。

法国《观点》杂志采访任正非的封面文章题目是“这个人将改变历史：独家专访世界新巨头任正非”。我衷心期待每一位华为人追随任正非做改变世界的一分子，做有故事的人。

第11讲

不完美的英雄也是英雄
——英雄三部曲之三

有缺点的战士终究是战士

2016年年初，奥运冠军乔伊娜作为华为“厚积薄发”形象代言人的广告亮相了，华为内外有颇多争议：乔伊娜曾被服用兴奋剂的“丑闻”缠身，而且已是历史人物，为什么选她呢？有人替之辩解，她不是死于兴奋剂，尸体解剖证明她是清白的。

她冲刺最后5米时的招摇，充满了自信，却不背负为人类创造纪录的沉重。

蒙尘的英雄也是英雄。

任正非多次讲过一句话：为什么要把煤洗得白白的……

两位“改变中国的医生”之一的鲁迅先生有句名言：有缺点的战士终究是战士，完美的苍蝇终究是苍蝇。

华为要的当然是战士，尽管他们有各种各样的缺点与弱点。乔布斯不也是个性怪诞、年轻时有过不少荒唐行为的人吗？但美国社会给了他巨大的包容，结果这位有缺点的“战士”改变和缔造了历史。华为有十几万不同出身、不同个性、不同肤色、不同教养水平的战士、将军和统帅，他们中的每个人无不具有人性的两面性，但他们在华为这个大熔炉里被包容、被淬炼，矿石化成铁、化成钢，但钢与铁也仍然是有杂质的。

没有“无菌的环境”，更没有所谓的“无菌人”。

任正非说：“我们通过任职资格选拔出来的是一支有战斗力的军队，而不是圣人，不是和尚，外国人叫教父。”

华为是一个以知识分子为主体的商业军团，他们中的绝大多数人曾经是“秀才”，在华为被改造成了有血性、神经粗糙、意志坚韧、优缺点鲜明的战士，有数千位枭雄式的人物成为华为的将军与统帅，这无疑和华为所秉守的价值取向有很大关系：将军是上甘岭上打出来的——山脚下、冲锋前不一定是乖孩子，冲上去了，转身就成了英雄。

华为的英雄是多种多样的，在最佳时间段以最佳角色做出最佳贡献的人，他们都是华为编年史上的英雄。也许他们中的少数人是冲动驱使下的瞬间英雄，往后都不再光彩夺目，那又有什么关系呢？我们不能因此而淡忘英雄们曾经的功绩，并进而否定英雄。

容忍个性，褒奖英雄，是任何一个成功组织持续扩张的前提。当组织中到处晃动着高倍数的显微镜时，图灵式的天才将会被淹没，有缺陷的英雄们将会弃甲而去。组织领袖们的责任就是构建跑道，确定规则与秩序，让英雄们奋不顾身地在无障碍的时间与空间去竞跑，去冲刺冠军。

当企业中人人都过分爱惜自己的羽毛，而不是立足于冲刺目标、立足于作战、立足于追求个人和组织的成功时，表面的光鲜将会腐蚀掉组织的精气神。

没有对失败者的包容，就没有胜利

成王败寇，是，也不是。成功者当然是功臣，理所应当获得与贡献相称的财富与权力，以及成就感。但失败者，那些一次次的冲锋、一次次的失败过的战士与主官，也同样应该被善待和被肯定，不然谁还会去冒险呢？谁还肯开拓盐碱地呢？任正非在一位主管的检讨邮件上批示："我们要像美国当年宽容麦克阿瑟在菲律宾的失败那样宽容基层主官；没有常胜将军，没有失败就没有胜利。失败是成功之母。"

失败更是创新之母。什么叫创新？就是在没有路的荒原中踩出路来。不允许失败，不鼓励失败，不对那些勇敢的冒险者、失败者予以激赏，何谈对对手的追赶和颠覆性的超越？何谈进入战略无人区？所谓的"范弗里特弹药量"的饱和攻击，其中相当一部分"弹药"是用于"有价值的浪费"，用于偿付对未知领域探索的必要的学费的。

华为创立的早期10年，是一个英雄辈出的10年，英雄不问出处，什么样的人只要敢去试一试，公司都敢于让你挑战"不可能"，20出头的"娃娃专家""娃娃总裁"一大把，他们一边尝试错误，一边快速成长。有高管直言："今天坐在第一排的那些人，哪个没犯过无数的错误？"是挫折与错误、不断地学习与不断地纠错为华为奠基了权力走廊上一大批的优秀管理者、科研平台上一大批的世界级专家。

什么时候华为不再呼唤个人英雄了？什么时候有鲜明个性的英雄们没有了气场、被边缘化了？华为前“蓝军司令”白志东曾经这样发问。

今天的华为已经是一个管理相对规范的全球化大公司，经过20多年向西方公司削足适履式的学习，已经告别了“活力+混乱”的原始积累期，这是一个巨大进步，是华为全球性扩张成功的根本原因之一。但华为必须警惕一种倾向掩盖了另一种倾向，其中问题之一就是，规范化带来的僵化对个人英雄的扼杀。

管理从来没有静止的完美，从来都是因应变化而左右互搏的。英雄创造了历史，但英雄们也曾经将历史弄得脏兮兮甚至血淋淋的。所以，企业告别原始积累期的重要标志之一，就是以矫枉过正甚至极端化的手段给英雄划定边界，给“孙悟空”套上紧箍咒。但是任何的制度与规则，都不能压抑组织中个体与群体的创造性、激情、冲锋意识，不能扼制公司导向目标的作战与奋斗的文化精髓。

而事实上，绝大多数貌似管理规范的公司，包括华为历史上的一系列西方竞争对手，大多是在这个阶段静悄悄地走向麻木、急剧或缓慢地走向衰落的。控制异化成目的，是一切成功的商业组织最终没落的最大根因之一。所谓的大企业病、老企业病，核心是组织的“骨骼脆化”“血管硬化”。华为对此必须有足够的警觉和认知。当英雄之门被关上时，秩序之闸将成为华为不堪承受之重负；当华为文化总是被执黑子或执白子的“非黑即白”的律动所左右，不能坚守灰度时，华为要么会回到一团混乱，要么将陷入一潭死水。

群体英雄是无数个体英雄的集合体

有人说华为崇尚群体英雄，这话没错。但没有了个体英雄，又怎么会有群体英雄？群体英雄不过是无数个体英雄的集合体。事实上，在任正非一以贯之的英雄观中，从来是既强调“狼”与“狈”的协同性，又突出“狼”的不屈不挠的英雄品格的。

英雄们存在与成长的空气一旦稀薄了，逢迎之风、跟人之风、唯上之风，以及唯过程正确不为结果负责的浊污之风，便会迅速席卷整个组织。客观而论，华为整体的风气是健康的，但在某些方面也有一些不良的端倪。华为的决策层应该从历史上一些大公司包括自己曾经的对手们的兴衰史中汲取教训，着棋在先，主动变革。而变革之首则是人，尤其是人的观念。

显而易见的事实是，经过20多年的制度与流程建设（而且制度与流程的优化还在持续），华为已形成了相对完备、强大的监管体系，今天的华为重新高调呼唤英雄，倡导英雄主义文化，为“蒙尘英雄”鼓与呼，既是在内部松土，也是以最开放的姿态向全世界表明：华为处在极其重要的历史机遇期，欢迎全球的精英们加盟这家胸怀天下的东方公司，千军万马闯天下、打天下。

当然，这也是基于华为对自身文化实力、管理实力的自信之上的。

可以看得出来的是，华为近两年一系列用人政策的调整，比如破格提拔一大批年轻将军、“明日之星”的评比等，既是对过于板结的规则和制度的突破与纠偏，也隐隐彰显着华为领导层面向未来的巨大企图心。

活力是组织之魂。遍地英雄、英雄辈出的华为才能有强大的和源源不断的活力。但英雄们无不是有疤痕的，无不是在挫折与坎坷、失败与错误中重新站起来的。珍惜他们，包容他们，激励他们，华为不但会规避开组织老化症、大企业病，而且将无往而不胜。

乔伊娜广告是根据乔伊娜的照片等若干素材创作出来的一幅油画，初稿送审时，任正非说，画得不好，乔伊娜的头要抬起来，要显示出胜利者的自信，英雄的自信。

蒙尘的英雄终究是英雄。

第12讲

小人物创造大历史
——华为的五种力量

我从1999年开始最近距离地观察和研究华为，包括华为总裁任正非。过去5年，我在华为进行了大范围、多层级的系列访谈，访谈人数多达几百人，访谈的整理稿接近500万字。在这约500万字的访谈中，我对华为有一个深刻认知：华为的30年是血与泪的商业长征。

今天的华为在全球170个以上国家和地区有市场覆盖，可以说世界上有人的地方就有华为人，没有人的地方也有华为提供的设备和服务。华为2019年位居全球500强第61位。

首先，让我们一同回到从前，看一看华为的30多年是怎么走过来的。

华为基因：英雄主义＋乐观主义

1987年，一位被生存所迫、走投无路的中年人，在深圳南油集团一个简陋的居民楼里创立了华为技术有限公司，初始资本金只有21000元，员工只有3名，起初以倒卖交换机设备为营生。

但是44岁的任正非，贵州一个偏僻县城中学校长的儿子，却有着狂大的理想和野心。今天，当我们说任正非是位理想家时，有人可能会质疑，说这是在为成功者贴金，但是当访谈了华为早期的那些元老们后，我可以明确地告诉大家，任正非创立华为时，尽管做的是倒买倒卖的二道贩子生意，但他的野心却不只是赚钱，赚钱是活下去的手段，但也是实现梦想、实现使命的工具。

这是一位有抱负的中年知识分子，周围又集结了一大群有想法的青年知识分子，任正非和早期他的那些追随者的年龄相差20岁左右，他们身上共同的标志文身是8个字：一贫如洗，胸怀大志。

他们也拥有如下一些共同特质：

一、饥饿感驱使下的理想主义。

“文化大革命”压抑甚至扼杀了无数知识分子、无数年轻人的理想和梦想。当改革开放的大门打开时，他们长期被压抑的理想、使命感、激情，在强大的物质与精神的饥饿感的驱动下，得到了巨大的释放。柳传志、任正非等一批卓越的中国企业家都是在这一心理背景下开始了他们的创业。早期任正非的那一批追随者们也大多拥有相同的驱动力。

二、饥饿感驱使下的英雄主义。

一部华为史就是一部英雄史。任正非身上有很浓厚的英雄情结，他在执掌华为帅印的30多年中，把这种英雄主义基因很深、很广地浸润、传播到了华为的组织肌体中。如果以10年为一代的话，从20

世纪 40 年代出生的任正非到今天的 90 后华为人，6 代人从语言到行为都有着惊人的相似，这就是面对挑战和困难的自信与勇气、进攻与冒险精神，以及奉献精神。我和华为几位同事主编的《枪林弹雨中成长》《厚积薄发》《黄沙百战穿金甲》这 3 本书中，就记录了大量这样的故事，我称之为“华为的英雄编年史”。

三、饥饿感驱使下的强大学习能力。

早期十多年华为要想从一流大学，尤其像北大这样的学校招到学通信的人才难上加难，即使从一般的大学招到学通信专业的学生也不容易。所以华为在 2000 年之前招收的理工科知识分子绝大多数都不是学通信的。但是，就是这批年轻的知识分子，因为有强大的饥饿感和求知欲、成就欲，他们都是一边工作一边学习，从通信的基础学起，从西方公司的设备说明书学起，对着字典、词典，一个词、一个句子地啃，每天工作学习十七八个小时，半年一年下来，人人成了通信技术的内行，许多人后来成为业界专家……这是专业方面的学习。同时，他们也广泛地涉猎文史哲等各类知识。

华为是一所大学校。我算读书很多的人，一个礼拜差不多读一本书，但是华为有一位高管，一年读书量在 100 本左右，如饥似渴地向历史学习、向社会学习、向一切有益于组织和个人成长的知识宝库学习，这在华为是一种普遍现象。

从公司角度讲，华为 30 多年的发展，也在很大程度上得益于充分开放地向东西方的历史、文化、制度、流程体系学习。

四、不可救药的乐观主义。

创立之初，华为在自己家门口遭遇的就是全球化竞争，对手主要是拥有强大资本、良好技术、百年管理、充裕人才的西方大企业，而华为作为一家完全意义上的私人企业，我称之为一棵小草，处于绝对不对称的竞争态势。华为获得了高速成长，同时也承受了一个接一个的磨难、挫折。但它的领军人任正非，却是极端的不可救药的乐观主义者。

著名的财经作家吴晓波曾写过一篇文章《任正非的怀疑型人格》，认为华为是“悲观主义的胜利”，我不敢苟同这样的观点：任何拥有怀疑型人格的人，他可以做诗人、作家，可以成为各种各样的人，但就是不能做组织领袖。

合格的、卓越的组织领袖也许敏于人事，但他的个性主基调却必须是乐观的、向上的，甚至奔放热烈的。他们更像太阳，在人群中总是散发热量，但也许少了点月亮的柔和。

任正非身上所张扬的那种强大的乐观主义情绪，是牵引华为从小到大、从弱到强的相当重要的精神气质，当然这种精神气质也充分扩展和渗透到了华为的方方面面。

五、拥抱制度，拥抱规则，拥抱流程。

以上五点是华为早期创业者群体的基本特质，当然也构成了华为高层领导者群体的共有精神品质，这是一个好的企业非常独特和必须长期坚守的组织气质。

意志的力量与薇甘菊精神

今天华为有 19 万名员工，这 19 万名员工和早年的那批创业者之间有一种文化基因上的连接，他们都是小人物，但他们是雄心张扬的 19 万小人物。而正是这些小人物构成的英雄群体，在过去 30 多年，创造了全球通信行业一页惊天动地的大历史。

接下来，我想用五种力量来和大家分享一下华为这个小人物群体是如何创造大历史的。

第一，意志的力量。

很难想象，如果华为的领导者、各级管理者、十几万普通员工没有强大、强悍的意志力，华为能成功地走到今天。

2002 年，我陪任正非去西安，早晨在湖边散步时，任正非说："华为的国际化已经 8 年了，8 年抗战都胜利了，我们屡战屡败、屡败屡战，到今天还看不到曙光。"说这番话的时候，他的眼中泪水在打转，声音也有些哽咽。

2000 年年初，任正非去南非的约翰内斯堡，参观了先民纪念堂。走出纪念馆，接了一个电话后，他触景生情，在纪念馆前的小广场上，失声痛哭了将近两小时。南非先民们的生存史是一部血与泪的历史，华为的全球化又何尝不是如此？

任正非是一个很感性的老男人，他不是那种男儿有泪不轻弹的人，相反会常常流泪，但他又是神经极其粗砺、意志罕见强悍的战士，一位“打了鸡血”的不知疲倦的老战士！

无疑，这和他的意志品质有关系。但我认为，这更是一种使命意识的支撑——国家使命感、行业使命感、一种要把华为带向世界舞台的人类使命感。

我去先民纪念堂参观，对我触动最大的是版本众多的《圣经》，正是强大的精神力量、意志的力量支撑着那些先民，让他们存活下来。同样，华为假使没有任正非，没有一批早期的创业者们和今天19万华为人那种强大的使命意识和意志力，也很难走到今天。

我们这个主题叫作“枪林弹雨中成长”巡回讲座，枪林弹雨既是一种奋斗精神、冒险精神和开拓精神的代指，也有实实在在的枪林弹雨，比如伊拉克战争、利比亚战争、阿富汗战争等，在战乱中留下来、维护设备的是华为人，在地震发生、海啸发生的时候，在很多自然灾难面前，华为人选择了坚守。为什么？答案非常简单，危难时刻老百姓最希望通信畅通，能够给亲人报个平安。

在世界上最寒冷的南极和北极、海拔最高的珠峰、非洲的丛林和大沙漠、最蛮荒的地区等，人们所享受的通信便利大都是由华为所提供的设备、华为人所提供的服务支撑的。

所以，一部华为的开拓史、冒险史，一部华为的全球扩张史，背后是强大的精神力量，意志的力量。

创新之本：给人的大脑定高价

第二，创新的力量。

30 多年来，华为没有做过一寸房地产，没有做过任何的多元化，长期固守在通信技术创新和产品创新的主航道，才造就了今天在全球通信行业的领导地位。

19 万华为人中，有接近一半的人从事研发，几乎可以说“两个人中就有一个是研发人”，是迄今为止全球规模最大的研发团队。

华为在全球数十个国家构建能力中心，从以色列到英国、法国、意大利、瑞典、荷兰、爱尔兰、俄罗斯、日本、加拿大和美国等，当然，中国本土也是能力重镇。

华为全球 15 个大的研究所少则 1000 多人，多则 1 万多人。这 8 万多遍布全球的研发团队，始终紧盯着主航道，确保华为不在非战略竞争点消耗战略竞争力量。

过去 30 多年，华为的研发投入达到 6000 亿元以上，华为从创立之日起就长期坚持将销售额的 10% 以上投入研发，曾经长期主管研发的常务董事丁耘说，“低于 10% 我是要被砍头的”。

过去 30 多年，华为有两项指标长期高于利润：

1. 研发投入长期高于利润 2 倍以上。

2. 人力资源投入，即华为员工年收入平均之和，包括工资、奖金和福利，是股东分红的 3 倍。

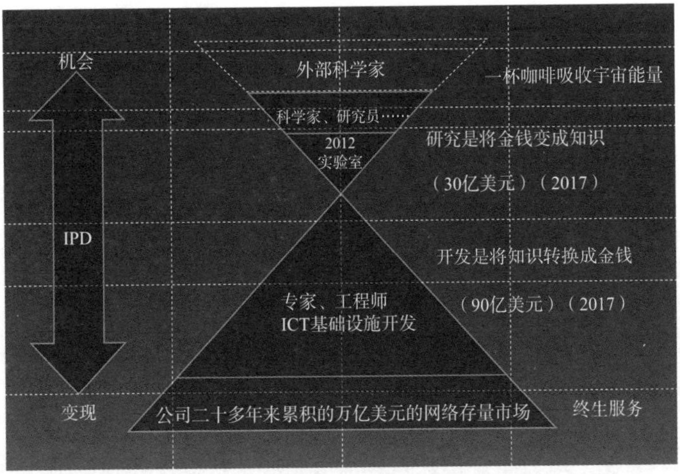

图 5　华为今天和未来的研发结构

图 5 代表着华为今天和未来的研发结构。上面的小三角，是将金钱变为知识的过程，虚线部分主要是跟全球大学、研究机构同方向的外部科学家进行合作。

华为跟全球 200 多所大学的实验室、教授有研发合作，也要求公司的科学家和专家每年必须拿出 1/3 到 1/2 的时间到世界各地去喝咖啡，一杯咖啡吸收宇宙能量。这样的交流是不设边界的。

2012 实验室代表华为自身的基础研究，大概有 3 万人。正是这些庞大的专家群，把在外部喝咖啡获得的那些无边界的思想变得有边界、有方向了。

同时，常务董事会规定，每年研发经费的 20%~30% 要投入基础研究，2018 年的研发投入是 110 亿美元，接近 30 亿美元用于基础研究，同时还允许基础研究有很高的失败率。

常务董事会还专门发过文件，明确规定跟别人喝咖啡时每次要付费，或者赠送礼品，这其实就是给人的大脑“定价”。

中国科学技术研究要想有更卓越的成就，相当重要的一点就是要敢于放手给科研人员的大脑定价，而且要定高价。华为始终秉持给知识型劳动者大脑定价要优于给股东定价的价值逻辑。

图 5 下面的大三角是华为的产品开发体系，小三角是把金钱变为知识，大三角则是把知识变为金钱的过程。小三角允许和鼓励犯错、冒险、失败，但大三角则要求在成熟的流程体系上，实现最大的成功率和最小的失败率。

图 5 最下面的基座是华为在全球所累计的万亿美元的网络存量市场，这可是无价之宝。华为的人工智能用任正非的说法就叫作自己的狗粮自己吃，首先应用在哪儿呢？应用在万亿美元的网络存量市场。

过去几十年，华为在研发和市场两个方面形成了强大的二元张力，背后的精神理念是：薇甘菊战略。薇甘菊是南美的一种野草，它只需要极少的水分、养分，就可以快速地在一夜之间把周遭所有的植物包括树木、野草覆盖掉，让它们窒息。这是一种被科学家称为每分钟在各个节点上快速扩展 1 英里[①] 的野草。这就是华为高速成长背后的薇甘菊精神、薇甘菊战略，代表着华为的文化与组织竞争力。

① 英里，英美制长度单位，1 英里约等于 1609 米。——编者注

然而，这也可能是让华为窒息的阿喀琉斯之踵。几年前，在巴塞罗那国际通信展上，我跟一位英国绅士交流，先是讨论乌克兰危机，接着说到西班牙斗牛，这位绅士说了一句意味深长的话，“不要被挑逗的红布牵着走”。

企业与企业之间的竞争固然重要，但不是最重要的。华为能够发展到今天，对标的不是竞争对手，而是客户，客户是华为存在、成长、壮大的唯一根本。

假使华为把与竞争对手之间的关系定位为你死我活、有你没我，这不仅是价值追求的变异和扭曲，而且也会使华为步入危险之地。正像任正非在2009年讲的，假使华为成了希特勒、成吉思汗，那就是死路一条。

所以，华为一方面强调整个组织要有强悍的战斗力、进攻力，但另一方面，又在战略上高举合作的旗帜。华为是最早将竞争对手定义为“友商”的。

几年前，爱立信总裁说，“假使爱立信这一盏灯塔熄灭了，华为将看不到未来”。任正非的回答是，“我们一定要在彼岸竖立起华为的信号塔，但我们也不能让爱立信、诺基亚这样值得尊敬的伟大公司垮掉，我们乐于看到多个信号塔共存，大家一起面对不确定的未来”。

2014年，欧盟曾经发起过对华为的反倾销调查，结果爱立信和诺基亚站出来反对，为华为背书，证明华为不是低价倾销。但即使如此，任正非还要说，“我举双手投降，我天生就是投降主义者，我们要把欧洲的价格再提高一些”。

中国市场卖的华为手机价格比欧洲要低 15%~20%，高价在欧洲销售高质量的产品，当然也就给竞争对手留下了发展的空间，以及彼此共同成长的空间。

以规则的确定性应对全球经济、政治的不确定性

第三，规则的力量。

华为能够在全球 170 个以上的国家和地区有市场和研发布局，相当重要的是华为在企业制度和流程体系方面拥有全球化的水准。

当华为的销售额达到 26 亿元的时候，任正非有一次在干部大会上问：“在座的哪一位管理过 100 亿元销售额的公司？”所有人都不吭声，他接着说：“我也没有。怎么办呢？老老实实向西方学习，向美国学习。”

从 1996 年开始，华为 20 多年来支付给美国多家咨询公司，以及德国、日本、英国的各类顾问们的咨询费高达几十亿美元，但正是这几十亿美元，请来了世界上最好的老师，当然其中最重要的老师是 IBM，它们帮助华为构建了研发、供应链、财经、人力资源、市场、监管等方面的制度与流程体系，从而奠定了华为走向世界的战略根基。

英国电信（BT）是一家极其挑剔的公司，有人说获得了英国电

信的认证，就获得了进入西方任何市场的入场券。2001 年，由于全球 IT 泡沫，英国电信要在亚洲寻找一家价格相对低廉的公司合作，在日本没有找到合适的，到中国看了一家公司，半天就离开了，然后到了华为。

华为给英国电信的认证专家们留下的深刻印象是什么？IBM 在华为正在进行的研发体制变革，即 IPD 变革。

他们留了下来，在华为翻箱倒柜，背对背做了长达几个月的认证，包括 13 项大的认证标准，其中还有 1 项很苛刻的“人权认证”。晚上 10 点左右，专家们不打招呼跑到员工宿舍问员工加班了没有，员工说加班了。然后问，加班费给了没有？员工回答说给了。他们会再问给了多少，然后第二天就用中国的《劳动法》进行对照。专家们最终给华为的认证打分是 3 分（5 分制）。接着又对华为的供应商进行认证，去了深圳的几家工厂，然后说华为上游的供应商人权保障不合格，要求限期改正。

当时陪同英国电信做认证的部分华为员工是有抵触情绪的，后来日本软银来华为做认证时，员工更有情绪上的抵触，说“他们戴着有色眼镜看我们”。

后来英国电信负责认证的一位专家在与华为人晚上喝酒时推心置腹地说：“假使我们在你这儿忽略了这一条，我们用了你的设备，回到英国就会被英国的媒体抨击……”

正是包括 IBM、英国电信、日本软银等西方公司一次次地从客户的视角给了华为洞见自己、改变自身、重构组织体系的重大机会，正像任正非说的，“IBM 教会了我们怎么爬树”，这才造就了华为今天在全球市场，包括发达国家市场的规模性成长和良好格局。

世界变得越来越动荡、越来越不确定，如何应对？华为的准则是：以规则的确定性应对全球政治和经济的不确定性。其背后的具体含义是：遵守联合国的法律，遵守所在国的法律。

戴金的翅膀是飞不起来的

第四，价值观的力量。

华为能够从一个“四大皆空”（无资本、无技术、无人才、无背景）的小公司、弱公司，30 多年的时间内迅速扩张、成长为全球行业领导者之一，根本上是核心价值观的牵引和有效落地。

华为的核心价值观包含三句话：以客户为中心，以奋斗者为本，长期艰苦奋斗。

表面看这三句话平淡无奇，但每一句话背后都有深刻内涵。30 多年来，华为从来没有动摇过“以客户为中心”这个灵魂。任正非是一个善于在内部用讲演、交流潜移默化影响公司的思想领袖。多年来，任正非的讲话整理稿应该有上千万字。你会发现，他的讲话与文字永远贯穿着老掉牙的常识：客户是华为存在和发展的唯一理由，客户是华为成长和强大的根本。

正是凭借第一点，华为的西方竞争对手们在过往几十年的拉锯战中纷纷走向衰落。摩托罗拉等欧美公司曾经也是“以客户为中心”，但最终都走向以资本为中心，以股东为中心。

还有，企业最根本的发展动力、最持久的发动机是老板吗？是资本吗？华为认为，企业长期发展最大的动力是员工，是劳动者。奋斗创造了华为，劳动创造了世界。

20多年前，《华为基本法》很清晰、明确地规定：员工在企业中应该先于和优于股东进行价值分配。

人类组织史本质上是价值创造和价值分配的历史。过去多年，华为在价值创造和价值分配两者之间做到了相对有效的平衡。但是这个平衡里面，有一个理论基点：“以奋斗者为本”。“以奋斗者为本”的核心理念是人才雇佣资本。在今天资本过剩和知识经济的时代，人才是企业和国家最大的竞争力。

过去30多年，华为创始人和高层管理团队不断稀释自己的股权，今天任正非只拥有1.14%的股权，其余股权为9万多名员工持有，而且没有任何的外部财务股东，带来的结果就是人人做老板，共同打天下。但是这也不完全符合华为的价值理念，华为的价值理念是“以奋斗者为本”。

2017年，任正非在和青年干部班座谈时，问旁边一位年轻的基层主管：“如果股东拿得更多一点，你是不是很拥护？”他接着说：“假使我要替自己着想，我当然应该支持股东拿得多一点，因为我是最大股东，但是你们也不傻，你们还会去拉车吗？”

长期坚持艰苦奋斗。不奋斗的民族没有前途，不奋斗的个人也是没有前途的，无疑，不奋斗的企业也没有未来。戴金的翅膀是飞不起来的。

有本书叫《帝国并未终结》，讲大英帝国的全球扩张史，中间一些内容让我极其震撼。在 18 世纪中期，大英帝国每年有几十万人、上百万人到世界各地去开疆拓土，每年有无数人在冒险和征服的跋涉中病倒，甚至是死掉，但正是整个民族的奋斗精神缔造了日不落帝国。

今天，我们去欧洲感受到的是落日余晖，根本在于福利主义的文化不断侵蚀着欧洲的繁荣与发展。

恐惧是变革最大的动力

第五，批判的力量。

核心价值观是华为的思想旗帜，是引领华为发展壮大的核心理念，构建在这一理念之上的制度与流程体系保障和推进着华为的持续成功。但是，任何好的理念、好的制度都会随着时间、空间发生异化和变异。

奋斗带来繁华，繁华滋长腐化，也会滋长懈怠，华为必须走出这个历史怪圈。有一把手术刀可以打开这个死结，它就是自我批判。

多年来，华为的高层领导群体和组织的各体系、各部门始终坚持运用自我批判的武器，校正自己的文化坐标，捍卫公司的核心价值观不变形、不走样。它是一种组织自洁工具，是一种必不可少的杀手级的程序。

华为在自我批判方面，有很多传统做法，也有创新，比如华为内部网站心声社区，我认为它是企业民主治理很重要的创新试验。公司绝大多数重大和非重大的政策、决定，包括任正非的讲话、各级高管的讲话都会第一时间发表在内部网站上，让 19 万名员工点评，而且发帖者可以实名，也可以穿马甲，谁都不允许追查发帖者。

评论当然有赞成的，也有批评的，有些批评相当尖锐，甚至很极端。但正是在 19 万人的监督和广泛的民主参与下，华为总体上仍能保持相对健康、向上的组织文化，19 万人的大组织仍然具有强大的活力和凝聚力。

更重要的是，各级高管被置身于民主监督的氛围中，同时公司也从员工跟帖中吸收了丰富的思想营养和许多有价值的意见和建议。任正非说他在跟帖中看到的是“将星在闪耀”。心声社区是华为的透明外衣，也是华为的民主“罗马广场”。

有外部评论者撰文称，今天的华为是任正非一个人以巨大的自我觉醒对抗整个庞大的官僚机器。显然，撰文者既不了解华为，也过度夸大了领导者个人在变革进程中的先知先觉和能量。我跟华为的许多高管、基层主官、普通员工交流过，他们的言谈无不充满着对公司存在问题的焦虑和对变化的期待，以及支持和拥护变革的热忱。这一点过去如此，今天更如此，在心声社区表现得尤为突出和明显。

恐惧是变革的最大动力。假使一个组织没有了危机感，没有了对外部和内部挑战的忧患意识，组织的高层领导群体对人性和人性异化没有深刻的、动态的洞察，这个组织成功了也会走向衰落。对华为来说，这既是现实观照，也是面向未来的警醒。

附录 1

华为独特的文化符号

（部分企业文化用语）

1995 团结一切可以团结的人。

1996 千军万马上战场。

胜则举杯相庆，败则拼死相救。

既做顺境中的好汉，在大好形势下不陶醉；又做逆境中的英雄，在压力危机下不动摇。

1997 资源是会枯竭的，唯有文化生生不息。

1998 决不让雷锋吃亏。

只有客户成功，才有华为的成功。

2000 烧不死的鸟是凤凰。

2002 为客户服务是华为存在的唯一理由。

2003 在理性与平实中存活。

2004 小胜靠智，大胜在德。

2006 将军是打出来的。

2007 上甘岭在你心中，无论何时何地都可以产生英雄。
只有敢于胜利，才会善于胜利。

2008 让青春的火花，点燃无愧无悔的人生。
开放、妥协、灰度。
从泥坑中爬起来的都是圣人。
以客户为中心，为客户创造价值。
定位决定地位，眼界决定境界。

2009 深淘滩，低作堰。
宰相必起于州郡，猛将必发于卒伍。

2010 以客户为中心，以奋斗者为本，长期艰苦奋斗，坚持自我批判。

2011 成功不是未来前进的可靠向导。
没有什么能阻挡我们前进的步伐，唯有我们内部的懈怠与腐败。

以客户为中心和以技术为中心要“拧麻花”。

2012 力出一孔，利出一孔。

2013 要培养一支能打仗、打胜仗的队伍。

最好的防御就是进攻。

用乌龟精神，追上龙飞船。

2014 一杯咖啡吸收宇宙的能量。

未来的战争是“班长的战争”。

遍地英雄下夕烟，六亿神州尽舜尧。

坚持为世界创造价值，为价值而创新。

在大机会时代，千万不要机会主义。

时势造英雄，大时代一定会产生大英雄。

2015 变革的目的就是要多产粮食和增加土地肥力。

让听得见炮声的人呼唤炮火。

一切为了前线、一切为了业务服务、一切为了胜利。

蓬生麻中，不扶自直。

伟大的背后都是苦难。

不在非战略机会点上消耗战略竞争力量。

多产粮食，增加土壤肥力。

做“成吉思汗的马掌”。

2016 决胜取决于坚如磐石的信念，信念来自专注。

不完美的英雄也是英雄。

多路径，多梯次，跨越“上甘岭”，攻进无人区。

前进的路上不会铺满鲜花。

自己的狗食自己先吃，自己生产的降落伞自己先跳。

春江水暖鸭先知，不破楼兰誓不还。

让我们的青春无愧无悔。

越过工卡文化，大量支持全球同方向的科学家。

让二等兵在战火中升为将军。

大时代呼唤着英雄儿女，机会将降临有准备的人。

我们要敢于聚焦目标，饱和攻击，英勇冲锋。

加强血液流动，敢于破格，促进人才倍出。

只有商业成功，才是成功。

自我改革，激活组织，促进血液循环，焕发青春活力。

我们的唯一武器是团结，唯一的战术是开放。

不拘一格用人才。

上战场，立功去。

2017 让听得见炮声的人指挥战争。

在最佳时间、最佳角色做出最佳贡献。

让优秀人员的青春早一点放射光芒。

不要埋头经验主义，小心让二等兵超越。

要战略聚焦，有所为，有所不为。

方向要大致正确，组织要充满活力。

要坚持真实，华为才能更充实。

把数字世界带入每个人、每个家庭、每个组织，构建万物互联的智能世界。

全营一杆枪。

任何一个合同，任何一个交付，一定要复盘。复盘才知道我们这件事哪些做错了，哪些做对了。

2018 勇敢不是不害怕，而是心中有信念。

苦练内功，提升效率。

鼓足干劲，力争上游，不畏一切艰难困苦。

极简的网络、极简的商业模式、极简的组织结构、极简的流程。

刻苦学习，反复推演、复盘，提升战略洞察与预判能力。

要耐得住寂寞，经得起摔打，英雄和领袖都是在磨难中产生的。

跌倒算什么，爬起来再战斗，我们的青春热血，万丈豪情，谱就着英雄万古。

天涯海角做将军。

我们一定要胜利，除了胜利，无路可走。

我们决不投降，决不屈服，从不畏惧，英勇前进。

我们要学会任何工作都推行复盘，这就是总结反思，这也是每日三省吾身。复盘多了，试行建模，建模多了，工作就会更加条理化，提高作业效率。

2019 没有伤痕累累，哪来皮糙肉厚，英雄自古多磨难。

“铁拳（技术和产品领先）”、“法律”、“舆论”三股力量同时前进，争夺最后的胜利。

极端困难的外部条件，会把我们逼向世界第一。

我们的目标一定要达到，我们的目标也一定会达到。

不经艰难困苦，何来玉汝于成。

我们的飞机已经被打得千疮百孔了，多一个洞也没关系。我们应沉着、镇静，保持好队形。

我拿青春赌明天，你用真情换此生。

不断复盘，不断建模；建了新模再去应用，如果能提高 1%，那说明你的思维方向是正确的，一点一点就能逐渐逼近真理。

附录 2

华为高管、管理顾问和华为大学推荐员工阅读和观看的部分书籍及影视作品

书籍：

《钢铁是怎样炼成的》
《只有偏执狂才能生存》
《胡耀邦与平反冤假错案》
《炼狱》
《新教伦理与资本主义精神》
《走出混沌》
《谁动了我的奶酪？》
《CEO 的海军陆战队》
《No Boundary》
《落难英雄：丁盛将军回忆录》
《闪击英雄》
《失去的胜利》
《隆美尔战时文件》
《国际商法》
《下一个倒下的会不会是华为》
《价值为纲》
《以奋斗者为本》
《以客户为中心》
《枪林弹雨中成长》
《五角大楼之脑》
《马世民的战地日记》
《蓝血十杰》

《清教徒的礼物》
《钱学森讲谈录》
《智慧的钥匙：钱学森论系统科学》
《失控》
《谁掌控美国的战争？》
《胜者思维》
《在线》
《竞逐富强：公元 1000 年以来的技术、军事与社会》
《超级版图》
《光变》
《什捷缅科大将战争回忆录》
《碧血黄沙》
《湘江之战》
《三次战争的空中力量》
《两次全球大危机的比较研究》
《技术元素》
《科技想要什么》
《人类星光灿烂时》
《第三种黑猩猩》
《超预测》
《赡养人类》
《场景革命：重构人与商业的连接》
《断点》
《如何创造思维》
《美国宪政历程：影响美国的 25 个司法大案》
《遮蔽与记忆》
《史蒂夫·乔布斯传》
《信息简史》
《知识与权力：信息如何影响决策及财富创造》
《费城风云》
《智能时代：大数据与智能革命重新定义未来》
《数据新闻大趋势》
《杀戮与文化》
《架构即未来》
《新资本论》
《领导力与新科学》
《领导论》
《富甲美国》
《世界秩序》
《第二次世界大战欧洲争夺战》
《太平洋战争三部曲》
《艾森豪威尔回忆录》
《第二次世界大战回忆录》
《管理的未来》

《公司的力量》
《客户说》
《Culture and Change》
《空谷幽兰》
《历史上的企业家精神》
《小米生态链战地笔记》
《资本主义简史》
《剪刀石头布：如何成为超级预测者》
《人生不过如此》
《预知社会》
《商业的本质》
《反社会的人》
《战略的本质》
《确定性的终结》
《论革命：从革命伊始到帝国崩溃》
《火枪与账簿》
《时间之箭》
《生命是什么》
《增长的本质》
《哲学的慰藉》
《人类简史三部曲》
《心胜》
《顽敌——阻力重重的美军转型》
《重新定义公司》
《敏捷革命》
《美军眼里的中国军队》
《谁掌控美国的战争？》
《给予的力量》
《创业维艰》
《谈判力》
《思想国》
《忽必烈的挑战》
《精进》
《冰山在融化》
《盲眼钟表匠》
《帝国的兴衰》
《餐巾纸的背面》
《疯传》
《免费：未来的商业》
《技术的本质》
《黑天鹅》
《随机漫步的傻瓜》
《地球上最伟大的表演》
《超越金融》
《爆发》
《兼攻之道》
《大棋局：美国的首要地位及其地缘战略》

《创新者的窘境》
《奇点临近》
《成为领导者》
《谁说大象不能跳舞》
《思考，快与慢》
《领导者之剑》
《跨界与融合：互联网时代企业合作模式与商业新机遇》
《拥抱变革》
《求胜于未知》
《影响力时刻》
《影响力》
《我在通用汽车的岁月》
《瞬变：让改变轻松起来的9个方法》
《邮差总按两遍门铃》
《卓有成效的管理者》
《众包：大众力量缘何推动商业未来》
《终极竞争》
《指数型组织》
《游戏化思维》
《一键下单》
《选择卓越》
《未来简史》
《商业的未来》
《商界裸奔》
《让大象跳舞》
《全新思维：决胜未来的六大能力》
《乔布斯传》
《论中国》
《赢》
《赋能》
《精益创业》
《基业长青》
《第五项修炼》
《第三次工业革命》
《邓小平时代》
《大教堂与集市》
《持续增长：企业持续盈利的10大法宝》
《必然》
《U型理论》
《21世纪的管理挑战》
《罗马人的故事》
《创新者的解答》
《大规模定制》
《体验经济》
《风险、不确定性与利润》
《炎黄春秋》

部分影视作品：

《车轮滚滚》
《从奴隶到将军》
《可可西里》
《莫斯科保卫战》
《兄弟连》
《2012》
《南征北战》
《诺曼底登陆战》
《阿甘正传》
《大浪淘沙》
《拯救大兵瑞恩》
《铁人》
《芳华》
《高山下的花环》
《乡村女教师》
《重庆谈判》
《雍正皇帝》
《人间正道是沧桑》
《亮剑》
《大工匠》
《国家命运》
《身份的证明》
《绝密 543》
《深海利剑》
《高地》
《风筝》
《莫斯科行动》
《历史转折中的邓小平》
《晋商》
《大漠英雄》
《血色黄昏》
《神秘的刚果河》
《大国崛起》
《最后一战：芷江 1945》
《远方的家》
《血战钢锯岭》
《少年派的奇幻漂流》
《肖申克的救赎》
《中国机长》
《安家》

附录 3

华为历年
自我批判观点与案例摘录

作者按语：我在前面论述过，自我批判是华为的“护法宝器”，是华为成功走到今天的思想利器，而且从创立至今，30 多年从未间断过。更重要的是，它已经从“制度的批判”发展到“批判的制度”，也即是说，自我批判在华为成了一项制度，一项铁的制度，这是华为一个非常重要的文化特质。

《华为历年自我批判观点与案例摘录》基本显现出了这样的特质，它包括以下几方面：

其一，《摘录》是从散见于心声社区、《管理优化》报和《华为人》报的 70 余万字中摘录、浓缩出来的代表性观点和案例，依时间顺序排列（1997 年之前未有文字记录），从中可以明显看出，华为的自我批判始终围绕着核心价值观和制度建设在进行，有着明确的指向；其二，华为从上到下都在开展自我批判，领导层带头进行自我批判；其三，组织的各个体系包括市场、研发、财经、法务、后勤行政体系，甚至报刊编辑部门都在无死角地开展自我批判；其四，立足于建设性，立足于改善和改良组织氛围，提升组织战斗力和凝聚力，而不是为批判而批判；其五，不搞人人过关和上纲上线；其六，以自我批判为主，互相批判为辅。华为常务董事会对自我批判的宗旨、目的、手段和方法等专门出台过一份文件。

华为历年自我批判观点与案例摘录之一（摘自心声社区）

我们还是以客户为中心吗?

2013 **炮轰华为——华为不警觉，有可能在炮火中灭亡**

摘要：我们请了客户来公司向董事会报告，他们眼中的华为是怎么样的。他们已经十分客气，炮火已打了折扣，但仍然是炮声轰轰，火光冲天。华为不警觉，有可能在炮火中灭亡。

2015 **闻过则喜，防止自己僵化**

摘要：公司领导对心声社区上《关于强化践行“以客户为中心”核心价值观的决议》跟帖的批示。

2016 **对客户要有宗教般的虔诚**

摘要：企业沟通部主官对巴展华为之夜媒体人士门票不够事件进行检讨。总裁办按语三问：

检讨推到票务问题上，是没有实践经验、责任心不强的机关主官一贯的托词。想想哪一个代表处代表、地区部总裁会随便抛弃客户。公司一贯强调必须有基层成功实践经验的人在机关做主官，是有道理的。

请问：1. 主官这时是否在现场？ 2. 主官此时手机是否开启？ 3. 主官是否向那位高级领导投诉了，证据在哪儿？

我们对客户要有宗教般的虔诚。

以奋斗者为本

2013 **团结一切可以团结的力量——常务董事会成员民主生活会纪要**

摘要：我们要团结一切可以团结的力量，并首先从团结我们身边的人做起。为此，公司常务董事会对员工群体的状态与需求进行了讨论分析，认识到领导观念、管理作风、工作氛围，以及任用、授权、激励等政策方面存在的问题。

2017 **寻找加西亚——我们要紧紧揪住优秀人物的贡献，紧紧盯住他的优点，学习他的榜样。这要成为一种文化，这就是哲学**

背景（对优秀人才流失的反思）：为什么优秀人物在华为成长那么困难？破格提升三级的人为什么还要离开？我们要依靠什么人来创造价值？为什么会有人容不得英雄？华为还是昨天的华为吗？胜则举杯相庆，败则拼死相救，现在还有吗？

2018 **不能助长南郭化的蔓延**

摘要：总裁办对《人力资源部反思自我批判》的按语（部分）

我们公司的改革明显落后于国家的改革，落后于军队的改革。军改都在考军长了，人力资源的干部有多少人有识别干部、专家、职员的洞察能力？有多少人熟悉主航道的业务？没有这些能力，如何能洞察公司的未来？

深圳政府证件申报流程的“粤省事”之简洁，对比我们办证相关流程的冗长落后，人力资源干部谁关注了？

各级部门都不能助长“南郭化”的蔓延。

干部管理

2017 少些浮躁，深入纵深

背景：2016年10月18日，王盛青结合工作中看到的一些重要问题，在CNBG（运营商业务集团）、MSSD（市场与解决方案销售部）主管内部发了一篇自我改进建议的工作邮件《少些浮躁，深入纵深》。邮件转发到心声社区后，引起广大员工热议。总体上，员工对当前公司各级组织中“吹得多、干得少，不解决客户问题”和“唯上、唯KPI而不以客户为中心”的工作作风提出了尖锐的批评，期待出台改进措施。

2016年11月，公司在EMT会议上对上述问题进行了讨论，要求各部门结合员工们反馈的问题开展自我批判，自查自纠，踏踏实实地做实，切实扭转工作作风。

要坚持真实，华为才能更充实

背景：我们要鼓励员工及各级干部讲真话，真话有正确的、不正确的，各级组织采纳不采纳，并没什么问题，而是风气要改变。真话有利于改进管理，假话只会使管理变得复杂、成本更高。因此，公

司决定对梁山广，工号00379880，晋升两级，到16A。即日生效。并不影响其正常考核与晋升。根据其自愿选择工作岗位及地点，可以去上研所工作，由邓泰华保护不受打击报复。

作战主官不要把自己转变为日常琐事管理的行政科长

摘要（对主官抓主要矛盾，简化管理的反思）：总裁办转发《关于费用拆单行为的管理要求重申》，强调主官要坚决聚焦作战与胜利，坚持讲真话、做真事，不要把自己从作战主官转变为日常琐事管理的行政科长。

2019 **百花齐放，科学争鸣**

摘要：员工在心声社区上对市场大会发表点评——《治军首在选将，市场大会也是练兵场》，任正非批示：百花齐放，科学争鸣。

什么叫战场，什么叫战线，我们怎么对胜利负责

摘要：F1展厅内容建设的主要责任人对发现展厅8K屏幕缺失在心声社区上进行检讨。

总裁办按语：检讨没有深刻认识什么叫战场，什么叫战线，我们怎么对胜利负责。万一别人就从这个缺口进攻呢？没有穷到没有裤子穿，拆东墙补西墙，联想研发的鼠标，为什么不减少一些员工，腾出经费来呢？

管人的人，要先正己

摘要：无线产品线管理团队就没能公平对待离职员工一事在心声社

区上进行检讨。

任正非批示：阳奉阴违是品质问题，弄虚作假、糊弄公司是忠诚度问题。人力资源及干部部门的干部是管人的人，要先正己，先以公司大方向胜利的目标为人生目标，这才是忠诚于胜利。以后，发生这种事的干部部门干部，短期内不能担任各级部门正职，不能参加任何级别的 AT 团队。

2020 **华为呼唤有血性的员工和团队**

任正非对欧亚血性自省研讨会议的批示：华为呼唤有血性的员工和团队，尤其在战时，我们更期望每一个团队都成为血性的团队。

管理改进

2015 **有人给公司提意见是公司的幸事**

摘要：员工对 SDN（软件定义网络）起了大早赶了个晚集的反思。

任正非批示如上。

一切为了前线，一切为了业务服务，一切为了胜利

摘要：财经管理团队召开民主生活会，提出“一切为了前线，一切为了业务服务，一切为了胜利”。美军对士兵的要求是服从，而对军官的要求是承担责任，我们的目标是胜利，不是简单服从。

任正非批示（部分）：自我批判是我司的重要纠偏机制，无论顺利与逆境时，我们都要树立信心，敢于批判自己，拨正航向。这是我们无往而不胜的法宝。

“一切为了前线，一切为了业务服务，一切为了胜利”也许是我们未来 10 年机关改革的重要口号，从财经践行起。我们也要及时发现优秀的践行者，破格提拔他们，以做出榜样。

2016 **在技术工作上的客气是毒品，直面的批评、争论才是良药**

摘要：总裁办对《管理优化》报上的文章《华为到该炸掉研发金字塔的时候了——关于我司软件研发效率与质量提升的思考》及跟帖讨论的按语。

2017 **简化管理从减少报告开始——东南亚地区部报告清理反思**

摘要：工作做得好，不如报告写得好！所谓的“精细化管理”，正在严重削弱我们的战斗力！前线在实际运作中一面作战，一面要应对来自后方的各种报告要求。拖着重重的壳，被若干条绳子拽着，系统部 / 项目组又怎能专心作战？变革和管理改进不是惊天动地，而是脚踏实地。

2018 **一个车卡审批引发的“血案”——对过度管控的反思（转发《一个过度管控的案例》）**

摘要：一个车卡必须由胡总审批，是不是一个公民的身份也要由省长、市长签字证明呢？这种复杂审批在行政上还有没有其他的，责成骆文成去整改，报变革委员会审批。3 个月后，由审计去普查。

对流程如此“醉人”的反思

摘要：1. 流程对准的是最终价值创造，因此是需求驱动供给，一切要有利于价值创造。

2. 我们做流程优化，重复的折叠式审批的是否可以简化？不增值的活动是否可以减少，或尽量减少？会签中有人题目内容都不看就签字的，可能大多是无效会签。变革委员会是否已经感知，折叠式会签是否不仅仅只存在于法务中呢？

3. 要以战促建，一切服从作战的需要。改变视角，站在流程使用者的角度上，帮助需求者解决问题。

4. 流程承载了权责，我们要推进流程优化，要系统地梳理流程、组织、权力的人员能力之间的关系。华为现在像一个肥胖的中年男人，权力集中在肚子上面。

2019 **业精于勤，荒于嬉；行成于思，毁于随**

摘要：员工在心声社区上对华为云进行了猛烈的批评，任正非批示如上。

工具不好累死人

摘要：员工在心声社区上发帖质问："华为公司到底在咸鱼上淘了多少二手的鼠标和键盘？"

总裁办按语：木匠要斧子好、刨子好；石匠要锤子好、戳子好；工具不好累死人。现代社会了，为什么还在用鲁班师傅的方法？我们是正规军，为什么还要民兵带红缨枪来参加现代化战争？有关部门要反思上网，解答问题。

华为历年自我批判观点与案例摘要之二（摘自《管理优化》报）

我们还是以客户为中心吗?

1997 **《面向客户，从实做起——公司领导就广东视聆通问题讲话纪要》**

广东视聆通网 23 个节点全部使用公司 C&C08 设备平台，目前已正式对公众开放。但由于 No.7 信令等原因使视聆通网与公网联接频频出现故障，用户戏称为“视聆通，时通时不通”。

《重要客户访问报告》讨论汇编

石家庄客户耿局长在谈话中说到华为人太“牛”，对此我们也深有感触。在与市场部、开发部等部门接触过程中，我们都明显地感觉到对方的那种优越感。结果“上帝”受了委屈，自然会影响公司的信誉。

《与天津智能网用户学员座谈实录》

9 月 15 日，培训中心组织座谈，请天津智能网用户学员（12 人）对公司产品、培训工作提意见。

1998 **《核弹的按钮能随便按吗？》**

副总裁郑树生指出，员工在局方不规范操作，反思服务的规范性。

《警钟长鸣——中研部听录音感想汇总与阶段学习计划》

在4月3日任总与用户的谈话过程中，我们产品的不稳定性，使公司处于被动应付的局面，用户不时地打断任总讲话，一再强调产品和工程中的问题。4月4日，全体中研员工回听了任总与天津管局局长就有关产品及工程上出现问题的谈话录音并进行深刻反思。

《用户送给我们的礼物》

九八华为服务年“真情回报”活动，其中心思想就是充分听取用户的意见，负责解决用户的问题，在全体市场人员心目中树立以顾客满意为价值导向的服务观。在两个多月的时间里，收集到大量用户赠送给我们的礼物——各种各样的问题。

《产品稳定性由思想走向行动》

中研部深入讨论“反幼稚，强化商品意识，坚持市场唯一验收标准”交流会，在总结经验教训的基础上，使我们的产品做得更稳定，更符合市场的需求。

《IBM顾问谈华为存在的管理问题》

产品开发忽略了在市场的成功；市场营销在新产品成功推向市场时表现不一致或准备不充分；加速增长的成本结构；横向的职能部门不能给公司提供有效的检查和调整。

《骄傲是否还写在脸上》

中研交换业务部学习贵州邮管局长途来话接通率通报等文件后的

体会。

《让生命的火花放射光芒》

研发体系怎么做到全心全意对产品负责。

2000 **《清除产品问题，开启市场之门》**

GSM（全球移动通信系统）明年要大发展；但自进入今年下半年以来，产品在网上问题增多，网上问题解决不及时，遗留问题数量居高不下，客户满意度下降。我们曾经引以自豪的产品居然成了一颗颗的定时炸弹，把我们的骄傲炸得粉身碎骨。

2001 **《我们到底对谁负责》**

郴州某用户的问题单（有三个问题）多日得不到处理解决，技术干部部、研发流程优化处经调查、反思后提出：我们的工作，是对客户满意度负责，对事情结果负责。

《对云南问题的反思：我们行了吗？我们能行吗？》

云南移动客户投诉华为服务问题，技术支援部主管张顺茂和研发产品线主管陈朝晖对自身管理、员工技能、规范意识、服务意识、沟通机制等方面进行深刻反思并拿出对策。

2002 **《我们还能丢什么》**

技术支援部两位长期为A客户服务的员工根据最近一段维护经历写了一篇《我们还能丢什么》的文章，他们本着解决问题的态度将问题反映出来，希望文章能够引起公司各部门的警觉，解决问题，提高客户满意度。

研发常委就《我们还能丢什么》一文进行讨论，对员工反映问题予以支持，并反思改进。

《面对问题，我们需要什么样的精神》

最近，无线产品线和光网络产品线都相继自发组织了自我批判、暴露问题的活动。无论是无线产品线展开的“做一个严谨的华为人”，还是光网络产品线的网上整改活动，都需要勇气，需要层层解剖自己，需要直面自己的过失，需要损伤自己的面子。

《对华为的几点建议》

上海移动副总经理郑慧刚在 2002 年 8 月 1 日与华为有关负责人交流时，中肯地指出了华为目前存在的一些问题。其肺腑之言，语重心长，使我们又一次感到如芒在背。

2003 **《认清自我，切实改进，保障产品质量长治久安》**

上海用服的文章《我们再也换不起了》，反映了光网络产品当前网上存在的问题。为了让研发各部门更好地了解运行在网上设备的质量压力，并从研发自身积极反思、寻找问题，制定有效的改进措施切实提高产品质量，光网络业务部组织了所有副总监以上干部对该文进行学习。

《一封客户的信》

一位潜在的客户写信详细描述了其到华为的当地分公司参观、考察时的不受待见的遭遇，感慨“这次经历使我感到心目中的华为和实际的华为反差较大，所以才触动我写下这些字，对华为公司而言，这可能是个别人的行为。但是对客户来说，这是华为公司的形象”。

《华为不要为问题找借口》

一位研发人员到一线支撑项目参加了一次长达 4 个小时的“批判会”，可以用“愤怒”两个字来形容客户数据维护人员的感觉，现在客户对华为公司的评价是:“虚心接受，死不悔改”。

2004 **《满足客户需求，我们做得怎样?》**

文章通过 5 个案例反思华为公司为了谁而活着，答案是为了客户！满足客户需求、提高客户满意度是我们生存的唯一理由，要把这个理念融入到我们每一个人的血液之中，时刻不能忘记！

2008 **《坦诚面对 积极改进》**

2007 年 8 月 14 日，客户专程来到科研中心给光网络产品线 200 多名管理者和骨干员工做了“聆听客户的声音”的专题演讲，他从客户感知的角度，对华为光网络的产品和服务在 10 多年时间中的表现与发展变化给出了总结与评价。针对早期设备持续改进、波分产品时钟跟踪等问题，以及针对问题的改进方法和态度等方面提出了尖锐的批评，在光网络产品线全体员工中产生了积极而深远的影响。

2011 **《对 AIS 公司的 OCS 项目和 BOS 项目的反思与检讨》**

作为产品领域的直接责任者，作者对泰国移动通信运营商 AIS 的 OCS（在线计费系统）项目和 BOS（业务运营支撑）项目反思与检讨，根因是我们在思想上存在错误，“不是以客户为中心，而是以自己为中心；不是以客户需求为导向，而是以自己需要为导向”。

《南国之冬》

作者出差到 S 国支持一线，不久软件 C 项目就遭遇了空前的困难，短短半个月的时间内连续被客户 CEO、CTO（首席技术官）、CFO 投诉，作者进行了总结和反思。

2013 **《炮轰华为读后感精选》**

文章将公司高级干部写的《炮轰华为》读后感进行了精选刊登。

2015 **《转变工作作风，以客户为中心，实事求是》**

时任东南亚地区部总裁孙福友，反思我们与客户在合作中存在的问题有时甚至到了不能容忍的地步。要改变工作作风和强化“以客户为中心”的运作。

《“炮轰无线”& 日本质量再学习：实现质量 4 个跨越，构建 4G 质量优势》

汪涛就日本 S 客户陆续出现了几起质量事故，召集“炮轰无线”的质量研讨会并主题发言，提出“我们需要像维护生命一样维护我们的品牌”。

2016　**《我们还能以客户为中心吗？》**

中东地区部总裁杨友桂，结合拜访客户和项目运作的体会，对我们现在跟客户做生意的方式深感忧虑，“我们客户界面的工作存在不少问题，我们正处在生死存亡的关头”。

《别把基层客户不当客户》

一名负责中国区地市客户的客户经理反馈，虽然公司一直都说要重视本地网的客户，但其在实际工作中却感觉基层客户越来越不被重视。

《信任危机下，我们还能存活多久？》

东南亚运营商 BG 对在泰国 TRUE 核心网的 SPS 项目中反复出现的质量问题及处理问题的态度进行了反思。

《在最好的时代，我们怎么做？》

时任东欧和北欧地区部总裁唐晓明，将出差时看到的“不以客户为中心”的现象进行了分享和反思。提醒我们在瞬息万变的时代，任何行业的领导者都随时有被替代的可能性，我们要始终保持危机感。

以奋斗者为本

1998　**《怎样扶他上马，送他一程》**

人力资源管理部关于 1997 年新员工培训的反思 。

干部管理

1997 **《SYNLOCK 测试后的反思》**

历时 14 天的 SYNLOCK 测试结束了，这次测试具有一个阶段性的意义。通过这次测试，我们有很多的收获，也认识到不足，要脚踏实地，树立细心、严谨的态度和高度的责任心。

1998 **《“让不做实的干部下岗”——专题讨论纪要》**

总裁办《管理优化》报于 3 月 13 日组织各部门、各层面的员工，开展了“让不做实的干部下岗”专题会议讨论。

1999 **《认识与改造》**

研发高级主管杨岳峰学“创业与创新”精神，提出干部应主动学习，自我改进，自我超越。

《这里绝非疗养院》

华为电气人力资源部对二线部门工作状况进行调查，发现人浮于事、效率低下、冗员等问题。

《华为任我行》

一个骗子在华为横行无阻达半年，连骗带偷的钱财超万元。

《为了“好人不再受气”》

主管生产的公司副总裁周劲，对骗子在生产系统横行半年的问题进行了自我批判，并提出组织氛围分析及改进办法。

《深刻反省，努力工作，提高核心竞争力》

生产部副总裁姜明武对骗子事件进行反思反省，提出改进措施。

《产品重大失误反思》

产品经理卢赣平对产品问题进行了反思，华为要在能力、授权、干部、氛围、自我批判等方面持续改进。

《从龙岗展厅工作看责任心》

广告展览部在龙岗展厅装修工作中，责任心不强，没留走线，造成返工和损失。部门做出检讨和反思，并愿承担损失。

《我的工作检讨》

高层财务管理人员江西生，对公司财务管理工作比较落后、进步缓慢的问题进行自我批判。

《自知者明，自胜者强》

孟晚舟对近两年工作的反思和检讨，主要涉及的方面包括流程建设、绩效、干部、人员培养、组织建设、目标与计划。

《华为人，我对您说》

员工队伍中极少数人（包括其家属）的不正当言行严重破坏了我司良好的社会形象。深圳经济特区梅林检查站（梅林关）的武警官兵，以及饭店、机场、酒店都有投诉员工行为、态度、素质方面的问题。

2004 **《干部队伍建设存在哪些问题》**

文章摘登了干部工作会议上与会人员的主题发言，对干部管理和干部自律这两方面的问题表现进行了原因分析，并辅以各渠道反馈的典型意见作为支撑材料。

《不为沽名做干部 把握需求当专家》

中研干部部部长周代琪反思，创业时的华为培养了大批的优秀干部，这些人技术出色，能打硬仗，而且善于管理。因此，我们似乎已经习惯了从优秀的业务骨干中选拔干部，技术优而仕。不幸的是，在这一过程中，我们常常把特别优秀的专业人才变成了平庸的领导或者不称职的经理。

所以我们要坚决贯彻公司干部大会精神，用制度来保证技术线人员的成长和发挥作用，改变千军万马走管理独木桥的局面，多多培养能够读懂客户需求的专家。

2006 **《干部的自我批判与修炼》**

当前很多干部是跑步上岗的，也有一些干部经过多年的奋斗开始放松了对自己的要求，于是暴露出各种各样的问题。每一名干部都应该结合自身工作，积极行动起来，认真学习，深刻反思，不断改进，将自己置身于广大员工的监督之下。

2007 **《畅所欲言，诚恳批判，建立积极人际关系——胡厚崑自我批判总结评议座谈会纪实》**

在任总《在自我批判指导委员会座谈会上的讲话》发表后，2006 年 12 月 27 日，销服体系胡厚崑通过民主生活会的方式，从工作方法、工作作风、人际关系方面做了全面、深刻的自我批判，认真反思过去 10 多年在公司的历程与各方面的得失，反省了自己的不足之处，并在同事、下属的批评和建议下，更深层次地看到自身的问题。他希望通过自我批判，在销服体系建立敢说真话、相互协作、相互信任的文化，促进整个干部队伍建设，以挑战更大的目标。

《陈珠芳在 2007 年 2 月自我批判经验交流会上的发言》

关于自我批判，任总曾多次谈及他的切身体会。他认为引领公司发展到今天，得益于其自身已养成“吾日三省吾身”的生活习惯，每天都会对一天所思、所说、所做进行反思，自我审视是否有不妥之处。

“金无足赤，人无完人”，我们不能要求干部完美、纯净到无缺无瑕的状态。只要我们有善心，我们定能善用“自我批判”的自我学习方法，让我们和所有的干部成长起来，支撑公司的发展。我们的理想定能达到。

《从内心认识自己的不足，轻装上阵，继续艰苦奋斗》

时任全球大客户 Marketing（市场）部总裁邓涛，对自己在公司工作的 11 年时间认真地进行了回顾和反省，将自己在工作作风、工作方法和人际关系上的过失或不足做了思考整理，进行自我批判。

《吕克自我批判评议座谈会纪实》

时任人力资源部总裁吕克在会上先进行了自我批判，然后周边同事和党委成员陈珠芳老师发言，最后吕克总结：“任何一件事情我们在执行的时候都要乘以 6 万，必须要战战兢兢，考虑周全；任何的成绩都除以 6 万，所以没有什么可以沾沾自喜的。这就是我对自己的自我批判。”

《运作与交付体系周劲自我批判总结》

运作与交付体系总裁周劲从工作方法、工作作风、人际关系等方面进行了自我批判。

《坚持自我修炼，不负公司赋予的重担》

时任网络产品线总裁邓飚回顾一年来的工作，对自己在工作作风等方面做了认真反思，并进行自我批判。

《自我批判怎么成了自我表扬？》

下属给领导指出的缺点不外乎 3 条：“有时有些急躁”“不注意自己的身体”“有时候对下属太苛刻”。这般的批判与自我批判，不但不能起到涤荡灵魂的效果，反而对正直的人造成精神上的伤害，令组织气氛大幅下降！

2009 **《再谈“一唬二凶三骂人”现象》**

产品与解决方案体系总裁徐直军撰文，表示“一唬二凶三骂人”是管理者不合格的表现，是管理者回避责任、缺乏自信的表现，是管理者缺乏自我批判的表现，我们必须坚决反对。一个连自己都没法儿管理好的管理者，是不可能管理好一个团队的。控制好自己的情绪，平静下来，才能与员工建立连接，才能有效沟通起来。有“一唬二凶三骂人”问题，就是管理者没有管理好自己的体现。各级管理者要加强自我修炼，逐步做到不要靠“唬”“凶”“骂人”来推动工作，切记要对事不对人。

《这样的主管也该自我批判》

作者在学习《再谈“一唬二凶三骂人”现象》的过程中，联想到工作中一些主管在“一唬二凶三骂人”之外的不当做法，如“冷嘲热讽”“动辄降薪”“无所不懂”。

2010 **《在干部任命中，从员工的评议看干部的待改进点》**

组织干部部将 2009 年员工对干部任命反馈的待改进意见进行归纳总结，意见集中在“不能始终保持艰苦奋斗的工作作风”“惰怠”“自我批判较差，听不进不同意见”“不愿承担责任，没有全局观”“不注重下属培养和提升团队绩效”“不关爱员工，不重视组织氛围建设”这 5 个方面。

2011 **《谈管理者的惰怠行为》**

徐直军在 2011 年 5 月 10 日召开的 PSST 体系干部大会上讲话，

列举了 18 种典型的管理者的惰怠行为并逐一进行解读，要求管理者进行自我批判并与惰怠行为做斗争。

《明哲保身、不当责、不作为是干部最大的惰怠》

产品与解决方案体系总裁丁耘撰文，谈什么是干部的艰苦奋斗？很多人想到身先士卒，以身作则，这是干部艰苦奋斗的基本要求，但远远不够。明哲保身、不当责、不作为是干部最大的懈怠。

2018 **《“烧不死的鸟是凤凰，在自我批判中成长”专题仪式上的干部发言摘录》**

2018 年 1 月 17 日下午，在年度会议期间，公司举行了“烧不死的鸟是凤凰，在自我批判中成长”的专题仪式，多位与会代表上台发言做自我批判。

管理改进（业务、流程、组织变革）

1997 **《华为通信办了，我们怎么办？》**

华为通信 4 月份没有达到部门经营计划目标，经董事长同意，公司决定实行自动降薪：

从董事长到副科长（含项目经理）以上干部工资下浮 10%。

除市场一线人员、计件工人、试用期员工、临时工外，所有员工工资下浮 5%。

《华为通信总裁办民主生活会会议纪要》

10 月 15 日晚，华为通信召开民主生活会，各位总裁们在冷静地反省自己的同时，抱着善意的态度，真诚地向其他同事提出建设性的意见。

1998 **《编委会存在的问题及发展设想》**

技术资料编委会自 1996 年 3 月成立，负责人对编委会发展中存在的问题深感焦急与不安，反思编委会自身存在的问题。

《对症下药 根除幼稚》

ISO9000 工作反幼稚座谈会。

《脱胎换骨成真人——革自己的命！》

《管理优化》报编辑部对“王小姐投诉编辑部”事件进行反思。

1999 **《50A 物料积压带来的思考》**

1999 年上半年 50A 模块电源系统积压，造成呆料 600 万 ~ 800 万，为此电气计委组织市场计划、生产计划、中试计划、备件计划，采购部针对 50A 积压进行反思，追本求源，以防重蹈覆辙。

2000 **《检讨与道歉》**

《管理优化》报编辑部在刊发公司《2000 年管理工作要点》时犯了两大错误：第一，没有同时转发总裁办向各部门发出的关于学习讨论要求的通知；第二，凭片面理解，冠以“华为阶段性跳跃大发展和管理改革攻关与决战之年”的导向性小标题。编辑部为此做出检讨。

《对产品资料编辑出版工作的反思》

编辑出版中心主管胡昌华，对产品资料编辑工作中存在人员不足、费用管控过度、问题改进不力的反思。

《失职检讨》

坂田生产中心食堂餐台不能满足功能要求、收银台引线设计施工失误，使新建的美观、漂亮的食堂因空中吊下多根钢管而变得极为难看、丑陋，降低了食堂的整体效果，因此被公司领导严厉批评。基建部主管做出检讨。

《可喜的“小题大作”》

出纳部全体员工就共享打印机硒鼓更换不及时这样一件小事进行了自我批判，以此推动部门管理与服务的全面进步。

《有愿景而没有行动是白日做梦》

IPD 项目近期开展了一些宣传、培训、推广工作，但相对于项目推进的目标要求，总体上尚有较大的差距。IPD 项目组对问题进行了自我批判。公司要求各个部门都要组织各级管理干部认真学习。

《从泥坑中爬起来的人就是圣人》

2000 年 9 月 1 日下午，研发体系及所邀公司领导和公司各大部门代表近 6000 人，在深圳市万人体育馆举行了一场特殊颁“奖”自我批判大会——华为公司研发体系发放“呆死料、机票”活动暨反思交流大会。任正非做了题为“为什么要自我批判”的讲话。大会上，公司及研发体系主要领导、研发一线员工代表、各兄弟部门代表做了反思与鼓劲的发言。

《管理优化》第 135、136 期出版专刊，刊登 37 篇反思文章。

《差距在哪里》

电装事业部主管李建国、马兴无对职业化管理的探索与反思。

2001 **《检讨书》**

采购总部生产采购中心利用公司公告栏，发布了 4 个培训公告，并提出“欢迎有兴趣的同事参加”，这严重违反了公司 2001 年 10 大管理要点中不允许利用上班时间培训的规定，采购总部的主管郭平、吴育化，负有管理和监督不力的责任，因此做出检讨。

采购总部在上班时间安排一系列供应商技术交流讲座，并明文张告“欢迎各位有兴趣的同人参加”，涉及范围巨大，且连续数天保留在华为电子公告栏上。主管因此做出检讨。

2003 **《切实转变机关作风，提高服务一线的满意度》**

研发总裁洪天峰及人力资源总裁徐立新联合撰文反思，机关作为公司内部管理的部门，其使命就是有效支撑一线，更好地服务于客户。可是，从最近到市场、技术支援、研发等一线了解到的情况来看，机关工作作风问题很多，制造了大量无效无用的工作，直接影响一线的战斗力，拖了一线冲锋的后腿。这些情况值得我们机关部门深刻反思。

2004 **《三种机关职业病》**

供应链管理部总裁梁华文章：主动为一线服务、做一线的坚强后盾是供应链管理部存在的价值。但目前我们在对一线的支持、服务方面，不同程度地存在着“机关职业病”，忘记了自己应有的服务定位，后盾变成了“后矛”。

《练就一支面向市场、对客户虔诚、作风过硬的研发队伍——近期研发人员支持海外市场暴露的问题及态度作风整顿会议纪要》

按语：研发人员要重视机会，更要重视问题。只重视机会，会因为问题而使机会变小。重视问题，解决每一个问题，就增加了一分机会。因此，重视问题反使机会增大。不出问题是不可能的，问题是对待问题的态度。

本次会议主要内容：近期部分研发人员在支撑市场大发展，尤其是海外市场时暴露出一些问题，引起了客户的强烈不满，造成不良影响，给研发工作敲响了警钟。为此，各产品线和中研部一起深刻反省，讨论如何整顿作风，解决问题，支撑市场打大仗。

2007 **《正视差距 持续改进》**

核心网产品线总裁丁耘，对核心网产品线当前存在的问题和如何改进工作发表了自己的看法。

2011 **《学而省：马电事件反思总结》**

时任固网产品线总裁查钧，通过对马电事件反思，深刻地理解后端各环节的问题，要在源头加强需求的管理，在节奏控制上下功夫。

2012 **《我们眼中的管理问题》**

总裁办按语：曾经有领导说过，三峡大坝的成功，得益于一代又一代的反对者，他们的反对提醒了决策者的关注，才使工程变得优良。我们多听听各方面的声音，是有益工作改进的。愿大家多读读。特别是高级干部不读文件、不读书的情况要改变，不然他们会落后的。会有明白人，像雨后春笋一样不断地冒出来。

《消费者 BG 管理团队："深刻理解商业成功导向"反思会议摘录》

2012 年 11 月 3 日，消费者 BG 管理团队在深圳举行了"深刻理解商业成功导向"第一次整风会议。

2013 **《我们不能如此以利润为中心》**

轮值 CEO 徐直军撰文指出，我们不能把以利润为中心变成了以自我为中心，不能丢掉我们获取利润的魂，即通过为客户创造价值，来实现我们的利润。

2015 **《机关一定是为一线服务并提供支持的，老让一线证明"你妈是我妈"是不正确的》**

轮值 CEO 郭平表示今年以来不断听到关于中国区客户界面签字盖章问题的诸多反馈。这些问题在中国区各代表处都普遍存在，一定程度上消耗了我司客户经理的大量精力，也影响了运作效率和客户关系，需要尽快地予以解决。

华为历年自我批判的观点和案例摘录之三（摘自《华为人》报）

我们还是以客户为中心吗?

- 全公司反思客户声音（1999 年开始）：华为对来自各个运营商客户的意见和建议进行整理、反思，并将反思文章先后刊登在《华为人》报和《管理优化》报上。
- 云南网络安全事故反思：2001 年 6 月，公司对云南 GSM 网络安全事故进行了回顾和反思。
- 对“我们还是以客户为中心吗”的反思：2011 年，董事长孙亚芳收到了一封来自马来西亚电信 CEO 的投诉邮件，怒斥华为不能按照合同约定进行交付，该项目涉及多个产品，由此公司对各产品线展开了调查和反思。

干部管理

- 干部大辞职（锻造一支“能上能下”的队伍）：1996 年 1 月，公司市场部进行了整训活动，随即市场部各部门主管向公司同时递交辞职和述职报告，接受公司的评审和挑选，开创了华为公司干部“能上能下”的先河。

管理改进

- “呆死料”大会：2000 年，党委组织召开“呆死料”反思大会，把近年来因研发工作失误而产生的一些呆死物料，以及不少研发、工程技术人员因此而奔赴市场前线现场“救火”的往返机票，作为“奖品”发放给来自各产品的研发骨干人员，掀起了整个研发体系的自我批判。
- 从自我批判中崛起：2001 年，华为的软交换方案被客户质疑，移动软交换内部掀起在管理和技术两方面持续的反思和大改进活动。
- “从零起飞奖”：2013 年 1 月，公司部分团队未达到目标要求的负责人践行“不达底线目标，团队负责人零奖金”的承诺，获得“从零起飞奖”，获奖人员为：徐文伟、张平安、陈军、余承东、万飚。公司 2012 年销售收入差 2 亿多元没有完成任务，轮值 CEO 郭平、胡厚崑、徐直军、CFO 孟晚舟，还有片联总裁李杰，包括任正非和孙亚芳，也都没有年度奖金。

附录 4

作者历年讲座目录

（2013—2019）

1. 欲望的激发与控制——华为的人性管理模式与实践
2. 简单、开放与包容：华为文化解读
3. 读史论华为
4. 简单驱逐复杂——华为人力资源管理精髓
5. 变革方法论：华为的变革之道与实践
6. 华为警视：好的基因能确保节节胜利么
7. 华为观察：走出组织的四大长期困扰
8. 二元悖论：华为的创新哲学
9. 组织黑洞与自我批判——华为的自洁机制与实践解析
10. 模式与选择：华为的全球扩张战略
11. 理念·制度·人——故事、哲学与华为的兴衰逻辑（共五讲）
12. 不在非战略机会点上消耗战略竞争力量
13. 枪林弹雨中成长

14. 华为的理念创新与制度创新
15. 任正非：一杯咖啡吸收宇宙能量
16. 任正非：一桶糨糊黏结世界智慧
17. 华为：企业文化的胜利（共三讲）
18. 小人物创造大历史——华为的 5 种力量
19. 小推车推出世界 500 强
20. 大机会时代，拒绝机会主义——华为的 30 年实践与启示
21. 一杯咖啡论英雄——英雄三部曲之一
22. 企业家：新时代的英雄——英雄三部曲之二
23. 华为向中外军队学到了什么
24. 恐惧是变革的最大动力
25. 顺应与创造：华为的客户需求管理
26. 观念的力量——华为的奋斗文化与动力机制
27. 烈火烹油下的冷思考——今天与未来的华为最需要什么
28. 信念 · 组织力 · 战略——华为的目标管理
29. 剑桥对话：漫论东西方领导力
30. 组织兴亡律与组织变革
31. 企业文化的本质之一：使命感认同
32. 我们为什么要做企业家
33. 企业家精神与商业革命
34. 同理心：领导者之核心心理品质
35. 组织进化的逻辑（上、下篇）
36. 在常识与梦想之间
37. 精神激励——一种虚拟的价值符号

38. 从神圣使命到世俗动机——科技创新的使命与动机漫论（上、下篇）

39. 互联网：一种颠覆性力量的存在与解析

40. 生命中不可承受之重与“之轻”——企业中员工职业心理案例分析

41. 全球化时代的“洼地竞赛”

42. 危机时期：拒绝机会主义与悲观主义

43. 商业组织的进化逻辑

44. 观念的力量——《新教伦理与资本主义精神》解读

45. 世界秩序：前 70 年与未来 30 年——《世界秩序》解读

46.《管理的革命》解读

47. 黄金时代到“镀金时代”——《清教徒的礼物》解读

48. 你点亮蜡烛，黑暗会自动消失——《极简宇宙史》解读

49 . 一个家族，两个国家，三本书——读史漫论组织兴衰律